COLLECTION DE MÉMOIRES ET SOUVENIRS MILITAIRES

LE CARNET DE CAMPAGNE
DU
COMMANDANT GIRAUD

DOCUMENTS RECUEILLIS, CLASSÉS

ET MIS EN ORDRE

PAR

Le Commandant **GRANDIN**

SON PETIT-FILS

*Lauréat de l'Institut de France
et de la Société nationale d'encouragement au bien.*

PARIS
TÉQUI, LIBRAIRE-ÉDITEUR
de l'Œuvre Saint Michel
29, RUE DE TOURNON, 29

1899

LE CARNET DE CAMPAGNE

DU

COMMANDANT GIRAUD

COLLECTION DE MÉMOIRES ET SOUVENIRS MILITAIRES

LE CARNET DE CAMPAGNE

DU

COMMANDANT GIRAUD

DOCUMENTS RECUEILLIS, CLASSÉS

ET MIS EN ORDRE

PAR

Le Commandant **GRANDIN**

SON PETIT-FILS

*Lauréat de l'Institut de France
et de la Société nationale d'encouragement au bien.*

PARIS

TÉQUI, LIBRAIRE-ÉDITEUR

de l'Œuvre Saint Michel

29, RUE DE TOURNON, 29

—

1898

AUX OFFICIERS
DU 69ᵉ RÉGIMENT D'INFANTERIE.

Mes camarades,

Pendant vingt ans, le commandant Giraud a été l'un des compagnons de gloire et de fatigue de tous les brillants officiers qui ont illustré le 69ᵉ de 1792 à 1813.

Quand un régiment comme le vôtre a semé sa gloire par tous les chemins du monde, il est bon de suivre ses traces, — au sang, — partout où il a passé.

Officiers du 69ᵉ ! ce livre vous est dédié ; c'est le legs d'un vieux soldat à ses jeunes frères d'armes.

Commandant GRANDIN.

Besançon, le 1ᵉʳ Juin 1898.

PRÉFACE

Tout le monde connaît l'admirable toile de Detaille, intitulée *Le Rêve*; toile dans laquelle l'artiste fait revivre les gloires de la vieille France. Ces spectres qui défilent au loin, sous la coupole, dans le clair obscur de l'ombre grandissante, flamberges au vent, drapeaux déployés, ne rappellent-ils pas tout un passé glorieux se faisant jour, dans le silence de cette fin de siècle condamné à l'impuissance et se mourant de vieillesse? C'est en m'inspirant de ce tableau qui est une invocation aux grands souvenirs de la grande époque, que j'ai été amené à compulser mes papiers de famille, pour tirer de l'oubli celles de ces pièces qui pouvaient intéresser l'histoire de mon pays, et en particulier les jeunes officiers qui s'occupent de l'historique des corps.

Parmi ceux-ci le 69ᵉ régiment d'infanterie, ancien régiment suisse de Greder, possède un historique très incomplet et fort insuffisant, en ce qui concerne certains faits de nos grandes guerres européennes. Le commandant Giraud complète ces lacunes d'une façon très instructive ; son carnet de campagne est une histoire écrite au jour le jour ; il se recommande à l'attention de tous ceux qui aiment l'armée, et ont le culte du drapeau sous lequel ils ont servi.

Il ne faut pas mesurer le soldat seulement à la chance de sa destinée, mais bien aussi à sa passion pour le sacrifice. Sous ce rapport, l'auteur de ce carnet de campagne fut doublement grand, car c'est de son sang qu'il a teint ses épaulettes de capitaine et de chef de bataillon.

Ce n'était peut-être pas un lettré, dans le sens que nos rhéteurs en chambre attachent à ce mot ; mais c'était à coup sûr un héroïque soldat sur le champ de bataille, très loyal d'ailleurs, ayant su résister à toutes les ambitions qui brûlent l'honneur. Sa vie offre l'exemple de la plus admirable unité et des plus hautes vertus militaires et parmi les vaillants que la Révolution a fait surgir de l'obscurité, il est de ceux qui, de l'avis de ses camarades, ont non seulement prodigué leur sang pour le salut et la gloire de leur patrie, mais encore ont su associer à la bravoure et au dévouement, une âme élevée, des sentiments désintéressés, un caractère irréprochablement honnête.

L'histoire ne s'improvise pas; elle ne peut s'écrire qu'à une certaine distance des hommes et des choses, il faut du temps, — bien du temps même — pour réunir les documents épars un peu partout, déterminer le caractère exact des événements, établir nettement les responsabilités.

Tout récit militaire doit avoir une âme, posséder une conscience, respirer la foi; ce sont là les principes qui vont nous guider dans la rédaction du volume que nous offrons aujourd'hui à notre public habituel.

Si vis pacem, para bellum. C'est en vertu de cet axiome que sont faites les études du temps de paix qui toutes ont pour but la préparation à la guerre. Il ne faudrait pas en conclure cependant que les luttes à main armée, ou la mise en campagne des troupes, soit un état que les populations ont sans cesse à redouter. La paix a ses apôtres convaincus, tout comme la guerre a les siens, et si celle-ci est regardée pour les uns, comme un retour à la barbarie, celle-là est considérée par les autres comme un bienfait dont il faut sans cesse réclamer le retour ou le maintien.

Mais en attendant, l'état de paix permanent est une utopie en Europe, tant qu'il y aura sur les frontières de France, des peuples ambitieux rêvant conquêtes et gloire. Sachons donc glorifier ceux de nos aînés qui ont su faire leur devoir dans les guerres du commencement de ce siècle.

Le commandant Giraud était un Provençal. Engagé volontaire au 9ᵉ bataillon du Var, il prenait du service le 1ᵉʳ septembre 1792, comme sonnait le réveil de nos fastes, comme aussi le coq gaulois chantait victorieux sur toutes nos frontières. A cette heure, nos drapeaux avides de gloire bondissaient de Valmy à Jemmapes, pendant que Montesquiou faisait la conquête de la Savoie et qu'Anselme s'emparait du comté de Nice. Les grades du volontaire Jean-Baptiste Giraud [1] se succédèrent rapidement.

il était sergent. . . . le 4 septembre 1792;
sergent-major . . . le 1er janvier 1793;
sous-lieutenant . . . le 18 septembre 1793;
lieutenant . . . . . le 22 octobre 1793.

C'est ce dernier grade qu'il occupe, lorsque a lieu le premier amalgame ordonné par la Convention ; c'est-à-dire la fusion de deux bataillons provinciaux avec un de l'armée régulière.

Giraud passe alors dans la 166e demi-brigade de nouvelle formation, le 11 pluviôse an II (30 janvier 1794).

Cette demi-brigade comprenait le 2e bataillons du 91° de ligne ;

le 5e bataillon du Var ;

le 9e bataillon du Var.

Deux ans après, la Convention voulant renforcer les effectifs devenus trop faibles, supprima un certain nombre de demi-brigades, et

---

1. Giraud est né à Châteauneuf (Var), le 15 janvier 1772.

en ramena le nombre à cent dix, au lieu de deux cents et quelques. C'est le deuxième amalgame. La 166ᵉ demi-brigade prit ainsi le n° 69, le 21 germinal an IV (19 avril 1796); Giraud y fut promu capitaine le 11 germinal an VII (1ᵉʳ avril 1799).

Nous voulons, dans les pages qui vont suivre, faire connaître les grands événements auxquels Giraud a été mêlé, d'après les lettres écrites à sa famille. Ces lettres qui n'étaient pas destinées à la publicité, sont écrites sans prétention, dans un style familier; elles n'en sont pas moins très intéressantes, en ce sens qu'elles donnent la physionomie d'une époque, et font voir l'armée républicaine — et plus tard l'armée impériale, — sous son véritable jour.

LE
CARNET DE CAMPAGNE
DU COMMANDANT GIRAUD

CHAPITRE Ier

On sait quelle déplorable catastrophe signala le 10 août 1792, et comment au règne du vertueux Louis XVI succéda, sous la forme républicaine, le despotisme inquiet et farouche de la Convention. L'histoire, en retraçant d'aussi tristes souvenirs, nous a fait connaître que ce furent des sujets rebelles qui préludèrent au massacre d'une auguste famille, en canonnant le palais de leurs rois, comme une citadelle ennemie. L'armée resta étrangère à tous les crimes qui se commettaient dans l'intérieur et ne s'écarta jamais de la ligne du devoir. Aussi, la plupart de ceux sur lesquels planait la vengeance révolutionnaire, rassurés par la garantie que leur offrait l'état moral des troupes, se précipitèrent-ils dans les camps, comme dans des lieux de refuge.

C'est ainsi que l'armée acquit, par l'effet même de la terreur, une foule d'hommes distingués par leur courage et leurs sentiments qui, dans des temps réguliers, n'en eussent jamais fait partie. Bon gré malgré, chacun dut se faire soldat. Giraud fit comme bien d'autres, il n'entra au service que pour sauver sa tête, de la hache homicide.

Suivons maintenant notre héros dans les campagnes auxquelles il a pris part, et qu'il va nous raconter lui-même.

I

JOURNAL D'UN VOLONTAIRE, A L'ARMÉE DU MIDI

Au camp du Var, le 15 septembre 1792.

Nommé sergent quatre jours après mon incorporation, c'est moi qui tiens le drapeau du bataillon. Pourquoi moi plutôt qu'un autre? c'est peut-être parce qu'on m'a reconnu un peu plus instruit que mes camarades? Le drapeau porte l'inscription suivante : *Var, 9ᵉ bataillon.*

Mon commandant est un gros joufflu qui, il n'y a pas longtemps encore, exerçait la profession de charcutier à Toulon ; mon capitaine a fait la guerre d'Amérique, avec Rochambeau et raconte volontiers ses exploits ; mon lieutenant est un gringalet que nous appelons *Pomadin*.

Notre bataillon se compose de neuf compagnies, dont une de grenadiers constituée, avec les huit hommes les plus grands, les plus beaux, et les mieux taillés des huit autres compagnies : cinq pieds, trois pouces en moyenne [1]. Chaque compagnie possède un fanion porté par le fourrier et sur lequel son numéro est inscrit ; elle est partagée en deux pelotons commandés chacun par un sergent, et partagés eux-mêmes en deux sections à la tête desquelles se trouve un caporal. Notre uniforme est bien simple : un habit en drap bleu ; une culotte et une veste ou gilet en drap blanc ; des bas blancs et un chapeau avec pompon.

Les gradés font l'exercice tous les jours, de deux à quatre heures, sous la conduite de l'adjudant-major du bataillon, ancien officier de l'armée active, aussi énergique dans le service qu'intelligent dans ses explications théoriques. Voilà les auxiliaires préposés à l'instruction des soldats d'une compagnie : un tambour et cinquante conscrits.

---

1. Environ 1^{m}70.

L'effectif de nos volontaires va être porté sous peu à quatre-vingt-dix. Victor-Amédée[1], dont l'attitude devient de plus en plus menaçante, n'a qu'à se bien tenir; huit cents Provençaux doivent avoir facilement raison de tout un corps d'armée italien.

En attendant, nous sommes ici dans la boue jusqu'à la cheville. La neige couvre les montagnes voisines, la pluie a détrempé le sol qui forme de véritables mares en de certains endroits. Chacun de nous est impatient de rejoindre le corps du général Anselme qui opère autour de Nice.

Draguignan, le 30 septembre 1792.

Me voici sous-lieutenant; c'est le rêve de tous les jeunes gens qui ont au cœur, l'amour de la patrie et la haine de l'étranger. J'ai vingt et un ans; c'est l'âge des plaisirs et des folles gaietés. Mon bataillon est disséminé sur toute la frontière italienne. Le service dans la montagne est très pénible; mais ayant reçu hier une indemnité d'entrée en campagne de 450 livres, j'en ai profité pour venir à Draguignan acheter tout ce dont j'ai besoin pour la campagne prochaine; un cheval, un mulet, une tente.

---

1. Roi du Piémont et de Sardaigne.

Lorgues, près Draguignan, le 25 décembre 1793.

Encore une étape de franchie dans mon avancement. Depuis deux mois, je porte l'épaulette à gauche, au lieu de la porter à droite. Décidément je suis fait pour les honneurs. Il est vrai que tous ces grades me sont conférés à l'élection. Mais en revanche, à peine me suis-je pourvu d'un cheval, qu'un décret interdit aux officiers inférieurs d'être montés. Je vais donc dorénavant cheminer philosophiquement sac au dos, en tête de ma compagnie, avec mon capitaine qui est à pied, comme moi.

Scarena, près Nice, février 1794.

Le décret du mois de novembre 1793, qui supprime les bataillons de volontaires, en tant que corps indépendants, vient de recevoir son application depuis le 30 janvier 1794, en ce qui concerne le 9ᵉ bataillon du Var. Habits bleus et habits blancs sont confondus, sous les ordres d'un même chef, et amalgamés de manière à effacer toute distinction d'origine entre citoyens d'une même nation. Le 2ᵉ bataillon du 91ᵉ régiment, — ci-devant Barrois, — forme le noyau d'un nouveau corps complété par l'adjonction des 5ᵉ et 9ᵉ bataillons du Var. La demi-brigade ainsi constituée à trois bataillons, prend le n° 166; elle a pour colonel, l'ancien chef du 91°, Jacques-Ernest Kricq, dont la date d'ancienneté remonte au 8 mars 1793.

Chaque bataillon possède un drapeau tricolore (bleu, blanc, rouge), porté par le plus ancien sergent-major, sur lequel sont inscrites au centre (sur le blanc) les initiales R. F. entourées de deux branches de laurier en or, avec le numéro de la demi-brigade placé en diagonale aux deux coins de la rayure blanche.

Outre ces trois bataillons, notre demi-brigade possède une compagnie de canonniers volontaires, à l'effectif de soixante-cinq hommes, non compris les officiers et les sous-officiers, et destinés à servir six pièces de canon du calibre de quatre qui doivent l'accompagner dans toutes ses expéditions.

Au moment de notre formation, un certain nombre de vieilles *moustaches* nous arrivent un peu de tous les côtés, occupant des grades au-dessus de leur capacité. Nos volontaires ont de vingt à vingt-six ans, les soldats de la ligne de trente-deux à trente-sept ans. Les premiers ont la vigueur; les seconds possèdent l'expérience. Ainsi constitué, l'amalgame doit produire d'excellents effets, quant au régime intérieur d'un corps de troupe.

La réunion de Nice à la France, date du mois de février 1794, la municipalité n'en est pas moins restée piémontaise, de sorte que les sympathies des Niçois ne sont pas acquises à nos soldats qui vivent misérablement dans le pays nouvellement conquis, tout en payant très cher, ce dont ils ont besoin.

Les assignats ne passent ici qu'avec les plus grandes difficultés, et perdent environ trente pour cent de leur valeur. Les vivres et le logement sont hors de prix, à Nice. Un petit logement d'une seule pièce, se paie quatre-vingts livres par mois, en papier-monnaie, ou un louis en numéraire.

La gale se met dans l'armée; nous sommes envahis par les poux; pour nous faire changer d'air, on parle de nous envoyer dans la rivière de Gênes.

Camp de la Garoupe, 24 novembre 1794.

Le général Dommartin qui commande à Antibes, a fait occuper l'anse de la Garoupe, par un détachement de cent cinquante hommes de la 166e demi-brigade, dans le but d'empêcher les Anglais de tourner nos batteries de la côte et la surveiller depuis la batterie de la Fauconnière jusqu'à Antibes. Le capitaine Chatelan en a le commandement, son service consiste à fournir une garde de quatre hommes à la batterie du cap Gros; pendant la nuit, quatre patrouilles de quatre fusiliers chacune, l'une éclairant les bords de la mer, jusqu'aux glacis d'Antibes; deux autres surveillant l'anse de la

Garoupe, communiquent avec la patrouille de la Fauconnière.

Six cent cinquante fantassins et cent cinquante cavaliers du 5ᵉ chasseurs à cheval font le service du cap Roux jusqu'à Cannes qui n'est gardée, en raison de la surveillance des côtes, que par cent cinquante fantassins et une centaine de cavaliers. Antibes n'a pour garnison qu'un bataillon de la 22ᵉ demi-brigade, réduit à trois cents hommes, par suite d'une épidémie de gale qui sévit sur tout le monde ; officiers et soldats.

Enfin, depuis Antibes jusqu'à l'embouchure de la caque, deux escadrons de cavalerie font seuls le service.

Les magasins sont vides ; les soldats à peine vêtus manquent de chaussures. Mes chemises sont en lambeaux, mes souliers prennent l'eau. Les hôpitaux sont encombrés. La Convention, en décrétant la levée en masse, en 1791, n'a pas songé qu'un changement immédiat de climat, et dans les habitudes de tout un peuple, devait fatalement engendrer des maladies que le service de santé insuffisant, n'était préparé ni à prévenir, ni à combattre ; aussi tandis que les hommes meurent à l'hôpital, les chevaux continuent à mourir de faim, faute de fourrages.

Le représentant Jean Bon commande en maître à l'armée du Midi ; il décide des points qu'il faut défendre ; il juge du nombre d'hommes et de canons nécessaires aux batteries ; il dispose des troupes et ordonne leurs mouvements en dehors des généraux. De cette façon, Jean Bon encombre certains points, et en dégarnit d'autres qu'il laisse sans défense. L'agglomération de ces hommes dans les lieux où aucune mesure n'avait été prise d'avance pour assurer les approvisionnements, oblige nos soldats à avoir recours à toutes les farines ; de là un pain mauvais, sentant l'aigre et le moisi.

Accablé d'infirmités, et usé par l'âge, le vieux Dumerbion quitte le commandement de l'armée destinée à pénétrer en Italie et le remet à Scherer.

Finale, le 6 février 1795.

Nous sommes échelonnés par compagnie dans la rivière de Gênes. Notre misère est à son comble. Les Génois refusent obstinément les assignats ; ils veulent bien vendre, mais ne sont pas disposés à donner à crédit quoi que ce soit. Une bouteille de vin coûte cinq livres ; une feuille de papier six sols, le blanchissage d'une chemise une livre. Dans ces conditions, nos soldats qui n'ont que onze sols par jour, sont mal nourris, mal logés ; ce qui les rend des voisins peu agréables pour les villes amies dans lesquelles ils séjournent. La paille et le bois leur manquent dans tous les cantonnements.

La neige tombe à flocons dans certains endroits; il fait froid, et l'officier comme l'homme de troupe, couchent sur la terre nue, dans des salles basses et sans feu.

L'argent est fort rare parmi nous; les assignats également; ainsi, on me raconte que l'adjudant-général Dommartin a remis au chef du 2ᵉ bataillon de la 166ᵉ demi-brigade, un assignat de quinze livres, en échange de trois livres de monnaie, s'excusant de ne pouvoir rendre argent, contre argent, car il n'a pas de *numéraire*.

Les paysans se refusent à fournir les vivres aux soldats qui ne peuvent les payer comptant.

Les Autrichiens jusqu'à ce jour, se sont bornés à nous inquiéter; mais un ennemi plus terrible frappe dans les camps. C'est la maladie qui décime nos conscrits affaiblis par les privations et qui ne trouvent même pas de secours dans les hôpitaux de la région. Il faut du temps pour former des troupes sérieuses sur lesquelles on puisse compter. Retranchés dans les montagnes, nous nous préparons lentement à la lutte.

Au camp de Carline, 20 juillet 1795.

Les Autrichiens ont failli surprendre nos avant-postes. Mais en prévision d'une attaque nocturne j'avais ordonné de battre la diane à minuit. L'ennemi crut que ses projets étaient découverts, et s'est retiré sans rien entreprendre. Pour éviter toute négligence de la part de nos sentinelles, nos généraux ont prescrit que la diane se battrait dorénavant à onze heures du soir, le rappel un quart d'heure après et que trois coups de baguette, à minuit serviraient de signal à la garde pour s'assembler. Tout fait présumer une attaque prochaine de l'ennemi; si elle est exécutée avec vigueur, certains de nos postes seront inévitablement forcés.

Cette préoccupation n'est pas le seule qui trotte dans la cervelle de nos chefs de corps; il faut aussi songer à nourrir les hommes dont l'ordinaire n'est assuré que par la maraude. Au poste de Vironène et de Tanarello nos soldats sont las de ne vivre que de viande et réclament des légumes. La solde est payée très irrégulièrement. On promet des gratifications quand on recevra du numéraire; et pour leur faire prendre patience, les officiers sont invités à lire à leurs hommes, l'ordre suivant :

« Le général en chef, informe les troupes, qu'en
» attendant les fonds qui sont en route, il vient
» d'ordonner de prendre tous les moyens possibles
» pour que les quartiers-maîtres se procurent les
» espèces nécessaires au paiement de la solde des
» défenseurs de la patrie; deux sols par jour seront
» toujours payés en numéraire, aux sous-officiers
» et aux soldats. Le comité de salut public a pris

» les mesures nécessaires pour qu'il n'y ait plus
» dorénavant aucun retard dans le paiement de
» cette gratification ».

Savone, décembre 1795.

La victoire de Loano a débarrassé la rivière de Gênes. Aujourd'hui, nous goûtons quelque repos, à Savone. Les démonstrations de l'ennemi n'en deviennent pas moins inquiétantes. On craint de sa part quelque surprise. Les réquisitions ordonnées ne peuvent donner le blé nécessaire à la fabrication du pain ; les soldats entrent chez l'habitant et prennent ce qui est à leur convenance. Dans ces conditions, le général Scherer a compris que l'inaction de l'armée ne pouvait qu'augmenter le mal dont tout le monde souffrait. Profitant alors des mauvaises positions des Autrichiens, il engage la bataille de Loano, le 23 novembre 1795. Ce succès isolé ne peut rien présager, quant au résultat, si ce n'est de nettoyer la rivière de Gênes, de rendre à l'armée, l'esprit militaire ; Scherer en a profité pour rappeler les troupes à l'obéissance et à la discipline.

Mais comment dans cette jeune armée née d'hier, était-il possible d'exécuter la loi qui punit à mort le maraudeur, lorsque la faim et le dénuement poussent au pillage. Ainsi, six semaines après la bataille de Loano, les troupes campées aux environs de Finale n'ont plus de viande et certains corps n'ont du pain que fort irrégulièrement.

Comment alors s'étonner que des hommes affamés essaient de tous les moyens pour se soustraire aux obligations de leur service? Beaucoup simulent des maladies et se font évacuer sur leurs foyers. Chaque jour, les chefs de corps se plaignent de la diminution de leur effectif.

L'état de misère de nos soldats est tel qu'un muletier génois passant devant le poste de Saint-Jacques est dévalisé de son chargement et de ses souliers, car avoir des souliers est devenu le rêve du soldat dont les pieds sont meurtris par les cailloux des montagnes.

Il nous est impossible d'obtenir la paire de bottes, ou de chaussures qu'on nous avait promis, dans le cas où nous serions victorieux à Loano [1]. De plus, les officiers n'ont pas encore touché un sol des huit livres en espèces, que nous avait assuré la Convention en octobre dernier, et dire que j'ai dans mon porte-manteau, environ mille livres d'assignats avec lesquels je ne trouverais à acheter ni une paire de bottes, ni une chemise, ni un mouchoir, ni une paire de bas aux marchands génois.

Le rapport de ce matin porte ce qui suit : Il n'y

---

1. Arrêté du Directoire du 13 brumaire, an III.

a pas une paire de souliers à Finale, et ceux qui sont à Loano, ont pour destination la division du général Augereau. Nous n'avons pas d'eau-de-vie à Savone; c'est pourtant la seule ressource qui consolerait le soldat de toutes les privations qu'il endure. Hier dans les postes de la montagne, la garde était montée par des factionnaires sans souliers; dans nos cantonnements les hommes sont sans culottes, sans couvertures, ni chapeaux avec un demi-pain pour deux jours.

Moi-même, mon sac ayant été perdu pendant la retraite de Melogno, je n'ai plus d'épaulettes de rechange pour mon service. Les semelles de mes souliers sont en morceaux de chapeaux ramassés dans un tas de neige; elles tiennent par des ficelles nouées au-dessus des souliers, en guise de cordons.

Plus de souliers, plus d'eau-de-vie et peut-être plus de pain, demain : voilà l'état dans lequel se trouve la 166e demi-brigade.

De la Madone de la Neva, ventôse an 4^e
(février 1796).

Les demi-brigades sont ramenées par décret, de 200 à 110; par suite, la 166e demi-brigade de bataille devient la 69e de ligne constituée avec le 1er bataillon de la 19e brigade de bataille, le 2e bataillon des volontaires nationaux du Mont-Blanc, le 3ᵉ bataillon des Basses-Alpes et le 2ᵉ bataillon de la 170ᵉ demi-brigade de bataille.

Ce nouvel embrigadement était nécessaire en raison de la faiblesse des effectifs d'un grand nombre de régiments. Notre nouvelle demi-brigade compte environ 3.000 hommes. Les officiers et les sous-officiers sont l'objet d'une épuration, ou d'une élimination très avantageuse, au point de vue de la perfection des cadres. Les uns démissionnent; les autres sont envoyés en retraite, ou en traitement de réforme si leurs infirmités ou leurs blessures les rendent impropres à tout service. N'est-ce pas là l'indice d'une prochaine entrée en campagne; mais cette fois pour de bon?...

Notre nouveau chef de demi-brigade se nomme Daloust [1]. Nous faisons partie de la brigade Guien, (division Serrurier). Notre nouveau général en chef est le citoyen Buonaparte; on le dit arrivé au quartier général de Nice et décidé à pousser activement la guerre au delà de l'Apennin.

Notre nouveau drapeau est à fond blanc avec coins bleus et rouges. D'un côté, vers le centre, deux branches de laurier encadrent le numéro de la demi-brigade; de l'autre, deux mêmes bran-

---

1. Nommé au commandement de la 69ᵉ demi-brigade de ligne, le 21 ventôse an IV.

ches entourent un faisceau de licteur surmonté du bonnet phrygien.

Savone, le 20 avril 1796.

Les démonstrations faites par l'ennemi obligent de réoccuper les postes de la montagne. Le froid est intense, le bois manque; impossible de se procurer de l'eau-de-vie; la viande salée est la seule qu'on puisse se procurer. Les hommes s'en dégoûtent; déguenillés, un abattement profond les saisit, et ils ne prennent plus aucun soin de propreté. Un ordre du 13 germinal (1er avril), prescrit aux soldats d'avoir soin de se laver la figure et les mains, pour l'heure de la soupe. Cet ordre est sans effet. Nos hommes sans souliers, regardent les lambeaux de leur culotte et s'inquiètent peu de la blancheur de leurs mains.

Nos deux premiers bataillons ont quitté Savone, le 14 germinal (2 avril), pour se rendre au village de Voltri, près de Gênes, où se trouve la 70e demi-brigade menacée d'être tournée par l'ennemi.

Le général Buonaparte est arrivé à Savone le 5 avril (17 germinal). Le même soir, il réunissait sous sa tente les officiers de la division Serrurier et leur tenait le langage suivant :

« Mes amis, je sais que vous avez beaucoup

» souffert cet hiver; les subsistances vous ont sou-
» vent manqué; la Convention avait promis huit
» livres en numéraire aux officiers, trois livres aux
» sous-officiers et volontaires par mois; on ne vous
» a pas encore payés. Une nouvelle campagne va
» commencer; dorénavant, vous recevrez exacte-
» ment vos subsistances; vous serez habillés, et
» sous deux mois, je vous promets la moitié de votre
» paye en numéraire. C'est dans la riche Italie
» qu'il faut chercher tout cela. Parlez-en à vos
» soldats; dites-leur qu'une campagne heureuse
» les attend, s'ils veulent redoubler d'énergie et de
» courage. »

A la bonne heure; voilà ce que parler veut dire.

Notre première affaire avec l'ennemi n'a pas été heureuse cependant. Le mouvement tournant commencé par l'armée autrichienne, avait pris des proportions inquiétantes dans la journée du 20 germinal (8 avril). Le chef de bataillon Gazaignaire reçut l'ordre de se porter sur Varazio, d'éclairer le prolongement de cette position jusque sur les mamelons qui dominent le Tanaro, et de donner la main aux troupes de la 3° division de l'armée d'Italie. Entourés par une partie de l'aile gauche de l'armée autrichienne, une poignée de braves de la 69° demi-brigade a lutté sans succès pendant deux jours. Le général Serrurier, en assignant à ses troupes un emplacement plus avantageux dans la montagne, eût certainement évité cet échec ; mais soit que l'adjudant-général Saqueleu qui commandait de ce côté, n'ait pas suivi ses instructions ; soit qu'il ait rencontré des obstacles insurmontables dans sa marche en avant, il ne put atteindre assez à temps la position de Settepani ; il la trouva occupée par l'ennemi qui l'avait prévenu et s'y était retranché.

La division Serrurier compromise fut coupée et obligée de battre en retraite, en laissant entre les mains de l'ennemi, les équipages de l'état-major général, une partie de son artillerie et de ses ambulances.

La campagne commençait mal. Dès le début, j'inaugurais mal de l'extension de nos lignes vers Gênes. Je ne suis pas dans le secret des dieux, mais il paraît que notre échec de Varazio n'en est pas un. Ce n'est qu'une feinte démonstration pour engager Beaulieu à dégarnir son centre, que notre général en chef a l'intention de percer.

Les vainqueurs de Varazio ont bien essayé, le 10 avril, de nous couper en deux et d'enlever Savone. Mais enfermés dans la redoute de Montelegino, nous avons combattu tout le jour un contre dix, sous les yeux du colonel Daloust.

Sous Ceva, le 27 avril 1796.

Enfin le 15 avril (25 germinal), à la pointe du jour, par un brouillard épais, mêlé de pluie, nous avons quitté Savone, sous les ordres du général Guien, dans la direction de Ceva que la division Serrurier[1] doit investir par le sud.

Nos bataillons enlèvent avec leur vigueur habituelle, tous les postes ennemis rencontrés sur leur passage, chassent les Autrichiens des hauteurs de Batifolo à six kilomètres sud-ouest de Ceva. Le sous-lieutenant Lautier s'y est battu comme un grenadier et a été blessé d'un coup de feu.

Buonaparte est venu hier au bivouac de Batifolo. L'impression au premier abord est mauvaise. Son apparence chétive, son teint pâle, sa tenue peu soignée; son œil noir, dur et perçant; ses longs cheveux coupés en *oreilles de chien*, et tombant derrière les oreilles ne sont pas de nature à le faire apprécier du soldat qui ne voit en lui qu'un avorton comparé à Augereau, Masséna et surtout au superbe Murat.

---

1. La division Serrurier avait l'ordre de maintenir par ses démonstrations, le général Colli et les Piémontais sur le Tanaro, tandis que Bonaparte, avec le reste de l'armée, devait battre Beaulieu et les Autrichiens sur la Bormida. (*Note de l'auteur.*)

Cependant ce gringalet de général en chef a une manière à lui de faire la guerre; rien ne lui échappe et il entend être instruit de tous les désordres. Décidé à obtenir des généraux une répression immédiate et sévère de tous les actes délictueux, il les a mis en demeure de ramener la discipline dans la troupe sous leurs ordres. Il marche en conquérant, s'avance sans s'inquiéter du transport des subsistances qu'il fait requérir dans tous les lieux de passage, exigeant des municipalités les bœufs, les vaches et les moutons nécessaires à l'alimentation de l'armée; des contributions en argent proportionnées à la richesse des endroits.

Tous les matins, on bat la breloque dans les camps pour la distribution du pain et de la viande; c'est la prodigalité après la disette.

Le Directoire lui-même s'en mêle; il vient de fixer, par un arrêté, la solde des officiers en numéraire :

Général en chef : cinquante livres;

Généraux de division : quarante-cinq livres;

Généraux de brigade et ordonnateurs en chef : quarante livres;

Chefs de demi-brigades et commissaires ordonnateurs : trente-cinq livres;

Chefs de bataillon : trente livres;

Capitaines : vingt-cinq livres;

Lieutenants : vingt livres;

Sous-lieutenants : quinze livres ;
Sergents majors : sept livres ;
Sergents et fourriers : six livres ;
Caporaux : cinq livres ;
Soldats : quatre livres.

Il marche en conquérant, p. 20.

II

CAMPAGNE DANS LA HAUTE-ITALIE.

Codogno, le 20 floréal an 4° (10 mai 1796).

Nous avons quitté le camp de Batifolo, le 18 avril (28 germinal) pour prendre une seconde position plus rapprochée de Ceva (près du pont Saint-Michel); le lendemain, nous nous sommes portés sur les hauteurs de Saint-Michel que l'ennemi avait fortifiées, et que le passage d'une rivière (la Corsaglia) rendait extrêmement difficile à enlever.

Quatre jours après, le 23 avril (2 floréal), la 69° demi-brigade, formant la tête d'avant-garde de la division Serrurier, traversait la rivière sous le feu violent d'une nombreuse artillerie piémontaise, débusquait l'ennemi de ses positions et enlevait à la baïonnette la redoute du Briquet qui barre le boulevard de Mondovi.

Malheureusement cette affaire qui avait été assez chaude, nous coûtait un officier tué : le capitaine Raymond qui commandait les éclaireurs et trois officiers blessés : les capitaines Poly et Geoffroy, ainsi que le lieutenant Tardieu qui a reçu un coup de sabre, en luttant seul à seul, contre un cavalier piémontais.

Notre nouvelle formation en colonne, procure de grands avantages aux troupes engagées. Les compagnies têtes de colonnes forment un parapet derrière lequel les compagnies qui suivent arrivent au point où le choc doit se produire. Une succession d'efforts s'établit ainsi avec des troupes qui ne peuvent juger ni l'obstacle à vaincre, ni les pertes subies; ce qui est impossible, lorsque le soldat combattant en grande masse se trouve pressé, comprimé, au point d'être privé de ses moyens de victoire les plus sûrs : le feu et le choc.

Le général en chef est un taciturne; il ne se laisse pénétrer par personne; c'est une grande qualité que de commander seul, en laissant de côté le bavardage des *sous-verges* [1] qui ne sont en somme que des machines à transmission.

Les habitants du pays ne se moquent plus de nos misères; ils nous admirent au contraire; comment pourrait-il en être autrement? Comment ne pas aimer ces soldats qui chantent, rient toute la journée, improvisent des bals le soir, au son d'un *violoneux* et donnent la *Monferine* et la *Lanterne*

---

1. Généraux subalternes.

pour se distraire et passer le temps, pendant les jours de repos.

Le lendemain de l'affaire de la Corsaglia, le 1er bataillon de la 69e demi-brigade occupait Ceva, les 2e et 3e bataillons se portaient sur Fossano, qu'ils occupèrent presque sans coup férir.

Le roi de Sardaigne effrayé concluait l'armistice de Cherasco (28 avril) qui nous livrait le passage du Pô, à Plaisance, et mettait l'armée piémontaise hors de cause.

Le bataillon de Ceva et les deux bataillons de Fossano, quittèrent alors leurs cantonnements pour rallier le gros de l'armée; le 13 floréal (3 mai), ils étaient réunis à Alba, pour de là gagner Plaisance, où ils rallièrent la division Serrurier le 20 floréal (10 mai).

A cette date, nous avions déjà 30,000 hommes au-delà du Pô. Aujourd'hui, nous nous reposons à Codogno. Combien ce repos durera-t-il? Nous l'ignorons.

Château de la Favorite, 11 thermidor
an 4e (29 juillet 1796).

Beaulieu menacé dans ses communications a abandonné successivement les lignes de l'Agogno, du Tessin, de l'Adda et se replie sur le Mincio. Battu à Borghetto, il a cédé le passage du Mincio et remonte l'Adige. Buonaparte ne peut s'aventurer plus loin, en laissant sur ses derrières une place aussi forte que Mantoue et une population hostile.

La division Serrurier est chargée d'investir la forteresse de Mantoue et d'en faire le siège. A cet effet, mon bataillon a été dirigé sur le château de la Favorite, le 2ᵉ sur le camp de Belfior, près de Sorèze et le 3ᵉ sur le Faubourg Saint-George.

Wurmser et Buonaparte entament une partie de piquet dans laquelle ce dernier a fait son adversaire capot.

Au début de ce chassé-croisé, Serrurier dut abandonner Mantoue, enclouer ses affûts, noyer ses poudres pour se porter contre Quasadovich qui descendait du Tyrol par la rive occidentale du lac de Garde. Mais Buonaparte amuse Wurmser au passage du Mincio, et le moment n'est pas éloigné où il lui passera sur le corps.

Ambulance de Castiglione le 20 thermidor an 4ᵉ (6 août 1796).

A la bataille du 16 thermidor, j'ai été blessé à la cuisse gauche d'un coup de feu qui n'a fait que traverser les chairs : c'est le baptême du sang.

Nous avions quitté Mantoue dans la nuit du 13 au 14 thermidor (31 juillet-1ᵉʳ août). Le 15 on était à Montechiaro, où le général en chef vint nous passer en revue. Un enthousiasme indescriptible régnait dans les rangs de la troupe. Pour la première fois, on acclamait ce petit bonhomme, aux allures froides et si peu engageantes. Pas un de ses muscles ne trahissait la satisfaction de voir combien ses troupes brûlaient du désir de réprimer l'orgueil d'un ennemi qui se croyait déjà victorieux, parce que le siège de Mantoue avait été levé. Buonaparte avait l'œil; son génie sut mettre à profit ses heureuses dispositions.

Dès lors, l'armée française oubliant ses souffrances et les fatigues essuyées par les marches forcées de ces derniers jours s'ébranla dans la nuit du 15 au 16 thermidor [1], et arriva au point du jour dans la vaste plaine qui précède Castiglione. Nos tirailleurs se heurtent à l'ennemi; les colonnes qui les suivent se déploient, la division Augereau à droite, la brigade Guion de la division Serrurier à gauche.

La 69º demi-brigade défile devant Buonaparte. Précisément, dans ce moment-là, arrivaient en sens inverse, quelques canonniers sans leurs pièces. « Ces bougres-là vous ont pris vos canons, dis-je au brigadier qui semblait les commander; nous allons vous les rendre... » Et, tambour en tête, nous nous précipitons en avant, au pas de charge; une volée

---

1. 2-3 août.

de balles m'arrête dans ma course ; je tombe. Deux de mes soldats me ramassent et me portent à l'ambulance. A partir de ce moment-là, soit fatigue, soit épuisement, je fermai les yeux. Lorsque je les rouvris j'étais installé dans un bon lit; dans un large et vaste corridor d'une abbaye quelconque, haut de voûte et percé de longues fenêtres ogivales donnant sur un jardin aux grands arbres, où gazouillaient des pinsons et des rouges-gorges.

Un joli réveil pour un lendemain de victoire !...

Jamais peut-être on n'a fait une guerre plus active, plus meurtrière que celle que nous faisons depuis deux mois. L'armée ennemie n'existe pour ainsi dire plus ; ses débris coupés et sans retraite possible se sont réfugiés dans Mantoue avec Würmser. Ah! le moral est affecté chez l'Autrichien. Encore une victoire comme celle de Castiglione et nous sommes maîtres de toute la haute Italie.

Les légions romaines faisaient, dit-on, vingt-quatre milles par jour ; nos soldats en ont bien fait trente et se sont battus presque chaque jour dans l'intervalle.

Le chirurgien-major qui me soigne m'assure que dans un mois, ma blessure sera fermée et que je serai prêt à recommencer. Si cet esculape a dit vrai, je demanderai une permission de six *décades* pour aller embrasser mes sœurs qui trouveront en moi, un soldat au teint bruni, laissant quelquefois échapper un juron, mais galant comme un grenadier et conservant toujours pour elles, malgré les dehors d'un rustre, le cœur et l'amitié d'un frère.

Bivouac de Castiglione.

CHAPITRE II

Le lieutenant Giraud blessé à Castiglione est évacué sur son dépôt, qui est à Toulon, pendant que la 69° demi-brigade est détachée de la division Augereau, pour faire le siège de Mantoue qui dure du 16 vendemiaire an IV (2 octobre 1796) au 13 pluviose an V (12 février 1797).

A son entrée en Piémont, le régiment comptait 3,400 hommes présents; lorsqu'il eût passé la Piave le 22 ventose an V (12 mars 1797), il n'avait plus à son effectif que 1,800 combattants, y compris les absents.

Cette campagne se termina à l'armistice de Leoben (7 avril 1797), l'armée d'Italie évacua alors le Piémont, et se rendit à Toulon où nous allons retrouver Giraud prêt à s'embarquer pour l'Egypte.

I

EXPÉDITION D'ÉGYPTE

Toulon, 13 messidor an 6
(9 mai 1798).

Buonaparte arrivé hier à Toulon, a passé la revue de la brigade Valentin composée des 32ᵉ et 69ᵉ demi-brigades (division Menou); a parcouru les rangs lentement, les mains derrière le dos, examiné tout sérieusement, le port d'armes, comme la tenue; puis, la revue terminée, il a réuni autour de lui en cercle, les officiers et sous-officiers auxquels il a dit dans un langage qui présageait de nouvelles victoires :

« Ai-je tenu parole, mes amis? Il y a deux ans,
» vous étiez dépourvus de tout dans la rivière de
» Gênes; vos soldats n'avaient ni souliers, ni vê-
» tements, ni vivres. Les officiers vendaient leurs

» montres pour se procurer du pain. Aujourd'hui
» que vous manque-t-il? Rien, vous êtes pourvus
» de tout.

» — Oui, oui, répondent des centaines de voix.

» — Eh bien! Nous allons marcher à la con-
» quête de l'Egypte, et si nous réussissons, je pro-
» mets à chaque soldat six arpents de terre à culti-
» ver ou faire cultiver. Jusqu'à présent, vous avez
» combattu en union avec des cavaliers et des ca-
» nonniers ; demain vous serez en contact avec une
» nouvelle classe d'hommes que je vous recom-
» mande : les matelots. Dites à vos soldats d'inspi-
» rer à nos marins, ce feu, cette énergie qui ont été
» jusqu'à ce jour le gage de vos succès. »

Nous comptons 1657 hommes à l'effectif ; nous nous embarquons demain matin pour Malte.

A bord du *Dubois*, le 20 mai 1798.

Le 1ᵉʳ bataillon et l'état-major du 1ᵉʳ bataillon se sont embarqués sur le *Mercure* ; le 2ᵉ qui est le mien, sur le *Dubois* ; le 3ᵉ bataillon sur le *Timoléon*. Le général Valentin, le colonel Brun [1] et l'état-major de la demi-brigade, sont sur le *Mercure*. Le gé-

---

[1]. Nommé colonel de la 69ᵉ demi-brigade, le 14 prairial an VI (5 mai 1798).

néral de division Menou avec son état-major a pris passage sur le *Timoléon*.

Qu'allons-nous faire en Egypte : c'est là un mystère dont le secret n'est pas venu jusqu'à moi, simple lieutenant qui allais courir les aventures, loin de notre France bien-aimée que l'on quitte toujours avec regret. Le soldat sait toujours quand il part ; il ne sait jamais s'il reviendra. Nous voilà donc entassés sur des vaissaux, ballottés à bâbord[1] et à tribord[2], suivant le caprice des vents, la fureur des flots ; mais nous partageons la haine de notre général en chef contre les Anglais, et l'amour du changement nous inspire à tous une gaieté bruyante qui se traduit par une visite inopinée du général Valentin dans la batterie basse où nous sommes entassés, comme des harengs dans une tonne.

A bord du *Généreux*, le 1er juillet 1798.

Il est fort heureux qu'il y ait eu du monde à Malte pour nous recevoir. Les portes de la cité Valette se sont ouvertes devant nous sans tirer un coup de canon.

Une partie de la division Bon la 4e légère et les

---

1. Côté gauche d'un vaisseau, en allant de l'arrière à l'avant.
2. Côté droit d'un vaisseau, en allant de l'arrière à l'avant.

compagnies de grenadiers des 18ᵉ et 32ᵉ demi-brigades de ligne ont seules concouru à la prise de l'île.

L'ordre de Malte est anéanti, le grand maître renvoyé en Allemagne. Il ne fallait pas perdre de temps à bavarder; une escadre anglaise forte de treize voiles, nous épiait dans les eaux de Naples. Pour lui échapper nous avons repris la mer le 20 juin, et le 1ᵉʳ juillet, par une belle nuit d'été, le timonier du *Généreux,* à bord duquel je suis monté en quittant Malte, venait à peine piquer deux heures, que le matelot placé en vigie, au bossoir signalait le phare d'Alexandrie. La mer était unie comme une glace. Chacun monta sur le pont, heureux de voir approcher le moment où il pourrait quitter sa prison flottante; deux heures plus tard, nous débarquions sur la plage, à l'anse du marabout, la division Menou se dirigeant sur Alexandrie, en côtoyant la mer; la division Kléber (25ᵉ légère et 75ᵉ demi-brigade de ligne), à sa droite. Pas un souffle dans l'air : l'ombre abandonnant peu à peu les montagnes laissait apercevoir un désert d'au moins trois lieues qu'il fallait nécessairement traverser avant d'arriver au pied de l'enceinte de cette vieille cité arabe.

Alexandrie, 10 juillet 1798.

Plus de cinq cents janissaires défendent la ville d'Alexandrie ; la moitié de la population se porte dans les forts, l'autre moitié monte sur les terrasses des maisons attachées aux murailles de l'enceinte. Ainsi disposés, les Egyptiens attendent notre attaque. Elle a lieu sur trois colonnes qui ont l'ordre de s'arrêter à portée de canon ; la division Bon à droite ; la division Serrurier, à gauche.

Buonaparte désirant prévenir l'effusion du sang, se disposait à parlementer quand des hurlements effroyables d'hommes, de femmes et d'enfants et une décharge d'artillerie firent connaître les intentions de l'ennemi.

Réduit à la nécessité de vaincre, le général en chef fit battre la charge. Nos soldats se précipitent en courant vers l'enceinte qu'ils escaladent sous le feu des assiégés et la grêle de pierres qu'on leur lance des remparts, s'aidant les uns et les autres ; en faisant la courte échelle, les premiers rendus en haut des murailles, tendaient la main aux autres ; quatre heures après, la farce était jouée, Alexandrie capitulait et le même soir, la place et les deux ports étaient en notre pouvoir.

Le massacre en ville fut effrayant. Nos soldats ne

Devant Alexandrie.
ne décharge d'artillerie fit connaître les intentions de l'ennemi... V. p. 34.

savent pas broncher; ils donnent la mort et la reçoivent avec le même calme.

Il fallait frapper un grand coup, si on voulait étonner son ennemi. La 69ᵉ demi-brigade tint garnison au château d'Aboukir, avec 1,000 cavaliers; 2,000 hommes des dépôts, 300 hommes appartenant aux équipages des bâtiments de transport, descendirent à terre pour y être organisés en garde nationale chargée de la sécurité de notre nouvelle conquête.

Kléber blessé a pris le commandement d'Alexandrie, en qualité de gouverneur : Buonaparte nous a fait toucher cinq jours de vivres, et se prépare à nous faire traverser une plaine inculte de vingt lieues, pour gagner l'embouchure du Nil et remonter le célèbre fleuve jusqu'au Caire.

Drôle de population que cette population arabe, turque, ou égyptienne : dans des rues étroites où le soleil ne pénètre jamais, c'est un mélange de costumes et de races diverses; c'est le pêle-mêle, la confusion, l'agitation d'une fourmilière. De temps à autre, un fantôme blanc glisse dans l'ombre; une porte s'entr'ouvre silencieusement, le temps de tourner la tête, et l'apparition mystérieuse a déjà disparu. Mais que nous importent à nous ces maisons immobiles ? Elles ne peuvent valoir à nos yeux le bivouac qui change chaque jour.

6 septembre 1798.

Le spectacle de notre départ d'Alexandrie le 3 juillet, a quelque chose de pittoresque et d'imposant. Il faut des bêtes de somme pour traîner à la suite de notre armée, des vivres pour les hommes et les animaux. Notre commissaire des guerres, aidé du général Berthier, en eut bientôt réuni un nombre considérable : chevaux de bât, véritables haridelles portant un monstrueux bât rembourré de paille, sous le poids duquel ils plient et s'ensellent avant même d'être chargés ; minuscules mulets chargés de la provision d'eau, d'une docilité extrême, malgré leur réputation d'entêtement proverbial; chameaux hideux portant les bagages de l'armée ; tout un troupeau de chèvres et de moutons conduits par des soldats du train et destinés à être mangés en route.

II

EXPÉDITION DE SYRIE

Le général Lannes a remplacé à la tête de notre division, Menou qui, blessé au siège d'Alexandrie, a besoin de repos et commande la province de Rosette, depuis le 6 thermidor an VI[1].

Notre intervention en Syrie s'annonce, comme devant être très fructueuse, pour les avantages à en recueillir. La division Desaix reste dans la haute Egypte; tous les 3ᵉˢ bataillons fournissent les garnisons nécessaires à la sécurité de nos postes; un régiment d'hommes à dos de dromadaires assure la police du sud et fait l'office de gendarmerie; ce sont des hommes choisis par Bonaparte, parmi les plus intrépides.

Nos soldats s'aguerrissaient de jour en jour; peu à peu ils s'étaient familiarisés avec les élans fougueux de la cavalerie turque venant se briser contre leurs carrés bien appuyés. L'idée de se battre tous les

---

1. 24 juillet 1798.

jours, de souffrir de la faim, de la soif et d'être privés d'un somme réparateur ne les effrayait point. D'autres souffrances les attendaient cependant.

L'expédition de Syrie va commencer. Pour arriver en Palestine, il faudra traverser environ soixante lieues de désert d'Alexandrie à Rahmanieh et du Caire à Gaza, ayant la flotte anglaise sur notre flanc gauche; emporter d'assaut des villes bien défendues, n'ayant ni poudre ni boulets, ni plomb; faire à l'ennemi, une guerre souterraine, sans trêve ni merci, creuser des tranchées et lutter contre la peste qui frappera dans nos rangs un peu à tort et à travers. Telle sera cette expédition de quatre mois. Le capitaine Giraud, dans son carnet de campagne, nous en donne un aperçu jour par jour.

17 *février* 1798. — Arrivée de la 69ᵉ demi-brigade sous les murs d'El-Arich, dont elle fait le blocus avec la 32ᵉ; la place capitule le 20 février.

22 *février*. — Reprise de la marche en avant; les montagnes boisées de la Syrie s'aperçoivent dans le lointain. Des chants guerriers retentissent dans ces mêmes vallons où, jadis, les croisés avaient entonné leurs cantiques de la foi chrétienne

25 *février*. — Entrée dans Gaza.

28 *février*. —Reprise de la marche dans la direction

de Jaffa ; marche particulièrement pénible, en raison de la poussière et du vent soulevant des tourbillons d'un sable brûlant. Pendant trois lieues nos soldats poussent les roues, pour dégager les pièces et les caissons qui cependant ont reçu un triple attelage.

5 *mars*. — Arrivée sous les murs de Jaffa. Une première sommation est adressée à la garnison turque. Pour toute réponse, le chef de la milice, Abou-Saab, fait trancher la tête au parlementaire français.

L'indignation de nos soldats est à son comble ; chacun se prépare, à l'assaut qui est ordonné pour le 7 mars.

7 *mars*. — La division Lannes est chargée de l'attaque de front, mais à peine les adjudants-généraux Notherwod et Rambault se sont-ils présentés au pied des remparts qu'ils sont assaillis par les défenseurs, véritable ramassis de Maugrabins, d'Albanais, de Kurdes et de Nègres, poussés au paroxysme de la fureur, pendant que les femmes, les enfants mêlaient du haut des remparts, leurs cris au bruit des armes des combattants, et lançaient sur les assaillants des pierres et des matières enflammées.

Cette attaque allait échouer, lorsque quelques soldats de la 32ᵉ demi-brigade (division Bon) découvrirent une espèce de brèche, sur le bord de la mer. Immédiatement, l'ordre fut donné d'attaquer aussi de ce côté, de façon à prendre les assiégés entre deux feux. En un instant, les remparts furent escaladés à l'aide d'échelles.

Les Turcs cernés de toutes parts refusèrent de se rendre. Alors commença l'horrible massacre de Jaffa, malgré l'intervention des généraux et des officiers.

On fit de Jaffa l'entrepôt de l'artillerie et des munitions que l'armée attendait de Damiette et d'Alexandrie.

Les divisions Kléber, Lannes, Bon et Régnier conduites par Buonaparte, marchèrent ensuite sur Saint-Jean-d'Acre.

15 mars. — La 69ᵉ demi-brigade tête d'avant-garde se heurte sur les hauteurs de Kakoum, à un corps de cavalerie turque, aux ordres d'Abdallah-Pacha qui, pour arrêter notre marche, s'était appuyé à la montagne de Naplouse. Un combat s'y s'engagea ; le colonel Brun y fut tué.

20 mars. — Arrivée devant Saint-Jean-d'Acre où était enfermée l'armée turque de Djezzar-Pacha. Ouverture de la tranchée à environ cent cinquante toises de la place. Les troupes pratiquent dans le sol, des cavités qui doivent leur servir de baraques, pendant la durée du siège ; elles les tapissent de feuillages et les couvrent de branches d'arbres.

28 *mars*. — Ouverture du feu des batteries de brèche. Excités par le souvenir glorieux de l'assaut de Jaffa, nos soldats demandent l'assaut qui est ordonné par Buonaparte le même jour vers quatre heures du soir.

Sir Sydney Smith avec deux vaisseaux mouillait au sud et à l'ouest de la place. Ses boulets firent peu de mal aux assiégeants qui les recherchaient au contraire, pour en pourvoir nos batteries de siège. Un boulet de 36 était payé 24 sols ;
    un de 12,   15 sols ;
    un de 8,   10 sols.

Au cours du siège, l'armée turque de Damas tenta une diversion, dans l'espoir de délivrer Saint-Jean-d'Acre ; Kléber fut envoyé contre elle avec 2,500 hommes. Enveloppé au pied du Mont-Thabor par plus de 50,000 hommes, dont 20,000 cavaliers, ce fut la 69ᵉ demi-brigade qui empêcha Kléber de succomber, en prenant l'ennemi en flanc et à revers.

7 *mai*. — Un renfort considérable venant de Rhodes est entré dans la place. Un deuxième assaut est ordonné. Nos soldats aiguisent leurs baïonnettes, les officiers affilent leurs sabres. Une rage folle s'empare de tous, le deuxième assaut dure trois jours, toutes les tranchées sont enlevées jusqu'aux

remparts ; les fossés sont escaladés ; c'est un affreux corps à corps, tout aussi terrible qu'à Jaffa.

Le lieutenant Chaumet qui rallie sa compagnie en battant en retraite, reçoit deux blessures coup sur coup ; son chapeau et ses vêtements sont criblés de balles.

Les pertes de la 69ᵉ demi-brigade sont sérieuses ; deux lieutenants tués : Taupiac, Chavau; neuf officiers blessés : les capitaines Aiguier, Grosset, Meignan ; les lieutenants Parent, Delpech, Moulin, Chaumet, Ginons, Vincent.

10 mai. — La retraite s'est opérée pendant la nuit du 9 au 10 mai ; plus de 5,000 Turcs jonchent les tranchées, les glacis et les fossés de la place.

L'armée française compte 3,250 hommes mis hors de combat, dont 1,850 tués et 1,400 blessés parmi lesquels dix généraux et deux chefs de demi-brigade.

La division Kléber protège la retraite ; chaque division emporte ses blessés comme elle peut ; soit sur les chevaux des officiers, soit sur des brancards, soit encore sur des fusils munis d'une toile de tente.

La peste augmente d'intensité ; ce sont autant de convois funèbres qui encombrent la route, et la traversée du désert se fait avec un convoi de six cents blessés transportés sur les chameaux, les chevaux, les ânes et les mulets de la colonne; sur les derrières de l'armée, la police est faite par la cavalerie de Murat et un détachement de soldats du régiment, montés à dos de dromadaires.

14 juin. — Défilé dans les rues du Caire des débris glorieux du corps expéditionnaire de Syrie. Des feuilles de palmiers ornent les têtes. Presque tous ces hommes sont sans chaussures. En les regardant, n'est-il pas pas permis de dire qu'il est des défaites triomphantes qui égalent les plus belles victoires.

24 juillet. — *Bataille d'Aboukir*. 20,000 Turcs, dont 7,000 janissaires commandés par le grand-vizir Mustapha étaient débarqués dans la rade et s'y fortifiaient comme s'ils étaient venus pour s'y faire assiéger. Le général Buonaparte les tint enfermés, comme dans une souricière. Il partit précipitamment du Caire, et concentra son armée en face de celle de l'ennemi qui, formée sur deux lignes s'appuyait à la mer à droite et à gauche.

La 69° demi-brigade fait partie de l'aile gauche avec les 18° et 32°, sous le commandement provisoire du général Lanusse.

La première ligne turque fut abordée par Lannes et Destaing tandis qu'elle était tournée par la cavalerie de Murat. En une heure, 8,000 Turcs avaient disparu : dix-huit pièces de canon et cinquante drapeaux tombaient entre les mains des vainqueurs.

La seconde ligne fut enlevée peu après ; les 32ᵉ et 69ᵉ demi-brigades sautent dans les fossés, gravissent les parapets, emportent les retranchements et font des Turcs un affreux carnage.

III

ÉVACUATION DE L'ÉGYPTE

On connaît l'issue fatale de la campagne d'Égypte. Le général Bonaparte s'embarquait pour la France, le 22 août, laissant le commandement au général Kléber. La 69ᵉ demi-brigade, placée sous les ordres du général Lanusse, fut chargée de la défense d'Alexandrie et du fort d'Aboukir.

Ici, se placent quelques documents que l'auteur de ce livre a trouvés dans les papiers que lui a laissés un de ses anciens condisciples du collège royal de La Flèche, Fernand Bourgogne fils d'un capitaine du 43e [1].

Les historiens ne sont pas d'accord sur les motifs qui ont pu obliger Napoléon à quitter l'Egypte en 1799, pour rentrer en France. Les uns, comme Bourienne, entre autres, veulent y voir un acte autoritaire émanant de la seule initiative du général Bonaparte, pour mettre de l'ordre dans les affaires intérieures de la France; les autres l'attribuent à son rappel en France par le Directoire. Sans doute, les raisons qui ont amené le général Bonaparte à quitter l'Egypte, ont beaucoup perdu de leur intérêt, dans le tourbillon des événements qui, depuis, ont changé la face de l'Europe, soit parce que la génération présente a négligé de remonter aux causes, soit qu'elle ait renoncé à d'infructueuses recherches. Nous allons par les documents qui suivent intervenir dans la question et signaler ainsi à l'attention du public qui nous lit l'immense service rendu à la France, par Sauter-Bourbaki, le grand-père du général qui vient de s'éteindre à Bayonne, le 22 septembre 1897, dans sa quatre-vingt-deuxième année.

---

[1]. Joseph-Philippe Bourgogne, né le 2 février 1778 à Mesumes (Var); soldat à la 43e demi-brigade du 11 décembre 1798.

« *Le Directoire exécutif au général Bonaparte, commandant en chef l'armée d'Orient* [1].

» Paris, le 7 prairial an 7 [2].

» Les efforts extraordinaires, citoyen général, que l'Autriche et la Russie viennent de déployer, la tournure sérieuse et presque alarmante que la guerre a prise, exigent que la République concentre ses forces. En conséquence, le Directoire vient d'ordonner à l'amiral Bruix d'employer tous les moyens qui sont en son pouvoir pour se rendre maître de la Méditerranée, et de se porter sur l'Egypte, à l'effet de ramener en France, l'armée que vous commandez. Il est chargé de se concerter avec vous sur les moyens à prendre pour l'embarquement et le transport. Vous jugerez, citoyen général, si vous pouvez avec sécurité, laisser en Egypte une partie de vos forces et le Directoire vous autorise, dans ce cas, à en confier le commandement à qui vous jugerez convenable.

» Le Directoire vous verrait avec plaisir à la tête

---

1. Lettre expédiée au général Bonaparte avec la lettre suivante écrite par l'amiral Bruix.
2. 26 mai 1799.

des armées républicaines que vous avez jusqu'à présent, si glorieusement commandées.

» *Signé* : Treilhard, La Reveillère-Lepaux, Barras. »

En même temps que cette lettre partait, cette autre, écrite tout entière de la main du secrétaire général Lagarde, et adressée par le Directoire à l'amiral Bruix, ancien ministre de la marine nommé par arrêté du 14 germinal an vii, (3 avril 1799), amiral de l'armée navale de Brest, grade équivalent à celui du capitaine-général Mazaredo, de la marine espagnole qui allait servir sous ses ordres.

Paris, le 7 prairial an 7.

« Le Directoire exécutif, citoyen amiral, après avoir réfléchi sur la situation actuelle des choses en Europe, a senti la nécessité de réunir et de concentrer le plus possible les forces de la République. En conséquence, il vous ordonne de prendre les moyens les plus prompts pour effectuer votre jonction avec l'armée espagnole. Dès qu'elle sera opérée, vous chercherez la flotte anglaise, et si, comme il est vraisemblable, vous êtes alors supérieur en forces à l'ennemi, vous la combattrez.

» Aussitôt que vous aurez mis les Anglais hors d'état de s'opposer avec succès à vos opérations, vous ferez voile pour l'Egypte, à l'effet d'y embarquer l'armée. Vous vous concerterez sur les moyens à employer avec le général Bonaparte et vous pourrez laisser en Egypte une partie de ses forces s'il le juge nécessaire.

» Vous remettrez au général Bonaparte la lettre ci-jointe [1] qui lui fait connaître les projets du Directoire.

» *Le président du Directoire exécutif* :

» Signé : MERLIN.

» Par le Directoire exécutif :

» *Le secrétaire général* :

» Signé : LAGARDE. »

L'amiral Bruix chargé du commandement des armées navales de France et d'Espagne, se trouvait alors à Carthagène située à environ quatre cents lieues d'Alexandrie. Il transmit le 23 prairial an VII (juin 1799) au général Bonaparte, la lettre qui lui était destinée, en lui écrivant ce qui suit :

---

1. Lettre précédente.

Carthagène, le 23 prairial an 7.

Citoyen général,

Le Directoire exécutif m'a ordonné d'opérer ma jonction avec l'escadre espagnole ; d'attaquer ensuite les Anglais et, après les avoir battus, d'aller en Egypte pour y prendre et ramener en France, l'armée que vous commandez. Ma jonction est faite ; l'armée navale combinée est forte de quarante-deux vaisseaux de ligne. Mais cette force ne nous donne pas encore la supériorité sur les Anglais qui ont soixante vaisseaux dans la Méditerranée. Néanmoins, par des manœuvres bien concertées, on peut les battre avant qu'ils ne soient réunis en un seul corps d'armée. C'est ce que j'espère faire, si mes démarches instantes auprès de l'amiral espagnol et de la cour de Madrid réussissent.

Ce succès obtenu, je vous préviens, citoyen général, que je ne perdrai pas un instant pour me porter sur Alexandrie, immédiatement après le combat. Prenez donc vos dispositions pour retenir le moins de temps possible, la flotte sur les côtes d'Egypte. Vous devez compter, général, sur tous les efforts dont je suis capable pour renverser tous les obstacles et me rendre auprès de vous aussi promptement que je pourrai.

Néanmoins, il m'est impossible de préciser l'époque de mon arrivée. Et comme il n'y a rien de moins certain que le résultat d'un combat naval, ni même que je réussisse à attaquer les Anglais avant leur réunion complète, je dois vous engager, citoyen général, à ne prendre les dernières mesures pour l'embarquement de votre armée, que lorsque vous serez prévenu par des frégates que je vous détacherai sitôt après l'événement, de l'arrivée prochaine de l'armée navale. Ci-jointe une lettre du Directoire à votre adresse.

Croyez, citoyen général, que ce sera pour moi le plus beau jour, et pour la brave armée que je commande, un jour de gloire et de bonheur que celui où elle pourra rendre à la patrie, les héros qui l'ont tant illustrée.

Agréez mes salutations fraternelles et respectueuses.

Signé : E. Bruix.

P. S. J'ai promis au Grec qui vous remettra cette lettre que vous lui feriez un présent de cinq cents louis. Je pense, citoyen général, que malgré l'énormité de cette somme, vous n'hésiterez pas à la lui donner.

Signé : E. Bruix.

Ce Grec, quel était-il ?...

Les preuves abondent pour signaler le marin Constantin-Sauter-Bourbaki, né à Céphalonie que des affaires de commerce appelaient souvent à Carthagène.

La lettre du Directoire qui rappelle le général Bonaparte est du 7 prairial an VII. Celle de l'amiral Bruix lui transmettant l'ordre de rentrer en France est du 23 prairial. Ces dates, comme on l'a vu ci-dessus, correspondent au 26 mai et 11 juin 1799.

Il s'est donc écoulé deux mois et demi, entre l'expédition des dépêches de Carthagène et l'embarquement du général Bonaparte, à Alexandrie, le 24 août suivant.

Cet intervalle de temps a dû suffire au marin grec pour remettre à Bonaparte les dépêches à son adresse, et elles furent remises en effet, enfermées dans une canne dont on avait évidé l'intérieur. Une autorité respectable vient à l'appui de cette donnée. Le comte Thibaudeau (*Histoire de la guerre d'Egypte*), s'appuyant sur le témoignage de Joseph Bonaparte, écrit : « Il est constant que Bourbaki
» est parvenu à gagner l'Egypte, porteur d'une
» lettre de l'amiral Bruix et de son frère Joseph.
» J'ajouterai qu'après les avoir reçues, le général
» Bonaparte voulait retourner en France sur le
» vaisseau qui avait amené Bourbaki, mais qu'il
» y renonça, sur l'observation que ce navire pour-

» rait difficilement tenir la mer et échapper aux
» Turcs et aux Anglais. En effet, Bourbaki s'étant
» réembarqué peu après, fut pris par les corsaires
» turcs, réduit en esclavage et ne recouvra sa
» liberté qu'à la paix avec la Porte. »

En 1816, le baron Meneval s'adressant au comte de Survilliers (Joseph Bonaparte), recevait de ce dernier l'assurance qu'un grec de Céphalonie nommé Bourbaki avait été envoyé par lui en Egypte au général Bonaparte, avec une lettre cachée dans une canne de chêne; que Bourbaki revint en Europe, sa mission accomplie; qu'il était père de deux enfants dont l'aîné avait été nommé consul à Otrante, en 1805, et le plus jeune, devenu excellent officier d'infanterie, l'avait suivi à Naples, puis en Espagne où il s'était marié, et qu'il était mort pendant la guerre de la révolution grecque en 1827 [1].

Voilà donc un point d'histoire bien établi. Il est hors de doute qu'un grec du nom de Bourbaki, a été envoyé en Egypte avec une lettre particulière du frère du général Bonaparte. Portait-il en même temps les dépêches de l'amiral Bruix?... Oui. Tout l'affirme. Si les dépêches dont Bourbaki était porteur avaient été interceptées par les Anglais et par les Turcs, les uns et les autres n'auraient pas

---

1. Ce dernier est le père du général Bourbaki mort à Bayonne, en 1897.

manqué de les publier comme ils l'ont fait de toutes les correspondances officielles ou privées de l'armée d'Egypte qu'ils ont pu saisir.

Or ces lettres ne figurent dans aucune de ces publications.

Enfin, un troisième témoin, mais celui-ci auriculaire, est tout aussi explicite que les deux premiers. M. Miot qui faisait partie de la commission scientifique, à la suite du général Bonaparte en Egypte, auteur de mémoires très appréciés sur l'expédition d'Egypte, déclare dans ses écrits qu'il s'est rencontré au Caire, en juillet 1799, avec le général Eugène Merlin, aide-de-camp du commandant en chef de l'armée d'Orient, lequel lui a assuré que le voyage mystérieux d'un grec du nom de Bourbaki, ou Bourbachi, avait décidé le départ du général Bonaparte et sa rentrée en France.

Cette question d'histoire ainsi documentée détruit la légende qui assigne un rôle de pilote à un marin grec du nom de Bourbaki ayant conduit à bord de l'*Océan* le général Bonaparte de Toulon à Alexandrie. Aucun marin grec de ce nom n'a servi dans la flotte française, pendant toute la durée de l'expédition d'Egypte.

Cette digression faite, revenons au carnet de campagne de Giraud.

Après la mort de Kléber, le plus ancien des généraux de division, Jacques Menou qui s'était fait musulman sous le nom d'Abdallah, prit le commandement intérimaire de l'armée française en Égypte.

Bonaparte, gagné par les flatteries de l'ambitieux Menou, confirma ses pouvoirs. Cette faiblesse fut la cause primordiale de la perte de l'Egypte. Les Anglais et les Turcs qui se tenaient tranquilles depuis la bataille d'Héliopolis, reprirent bon espoir de nous en chasser.

Ici quelques notes au jour le jour.

13 mars 1801. — Affaire sanglante du lac Maadieh, où la 69e demi-brigade, sous les ordres du général Valentin, fit des prodiges de valeur. Il s'agissait d'en chasser 20,000 Anglais débarqués depuis peu, à l'effet de menacer Alexandrie. Magnifique retraite soutenue par la 69e disposée par échelons, à l'arrière-garde.

18 mars. — Les Anglais poursuivant lentement leur marche en avant, sont arrêtés par le siège du fort d'Aboukir, dont la garnison était faible et l'armement presque nul. Ce dernier dut capituler devant le corps de débarquement de sir Ralph Abercromby (environ 12,000 Anglais).

Menou, qui est resté immobile au Caire pendant sept jours, arrive au camp sous Alexandrie avec les divisions Regnier et Rampon, qui a remplacé le général Bon, mort de suites de blessures reçues à Saint-Jean-d'Acre, le 10 mai 1799.

21 mars. — Attaque des Anglais, la droite appuyée à la mer, la gauche au lac, les deux ailes flanquées par des chaloupes canonnières avec des redoutes sur leurs fronts.

L'attaque n'était possible que contre la droite ennemie opposée au général Lanusse dont l'effectif montait à 1,050 hommes :

Carabiniers de la 63ᵉ demi-brigade de ligne.	190	hommes.
Grenadiers de la 32ᵉ id. de ligne.	160	id.
La 69ᵉ demi-brigade de ligne.	700	id.
Total.	1050	combattants.

Si l'armée française avait été bien commandée, c'eût été une victoire, malgré sa faiblesse numérique.

La division Rampon formait le centre avec les
  grenadiers de la 2ᵉ légère . . 200 hommes;
  la 32ᵉ de ligne. 100   id.

Avec les garnisons des différents postes occupés par nous, c'étaient 6,000 Français qui allaient combattre 17,000 Anglais.

Menou s'enferma dans Alexandrie et voulut résister quand même. C'était une héroïque folie, car sur un effectif de 6,000 soldats, glorieux débris de la plus vaillante armée, 1,800 étaient dans les hôpitaux, malades ou blessés. En dix jours, nous en perdîmes 800. La brigade Silly avait été lancée à l'attaque d'une grande redoute sur son front, de sorte que la brigade Valentin, — celle dont faisait partie la 69°, — se trouva prise dans le rentrant, entre la redoute et le camp des Romains, où les feux croisés de l'ennemi la décimèrent.

Lanusse, voulant la rallier, y fut frappé à mort.

La 69° perdit en un clin d'œil la moitié de son effectif. Cet insuccès décida du sort d'Alexandrie qui capitula le 31 août.

2 novembre 1801. — L'évacuation de l'Egypte commence. L'armée française réduite à 14,000 hommes en grande partie blessés, rentre en France, sans avoir essuyé une défaite qui ait affecté son organisation, sans avoir subi une capitulation qui ait entaché son honneur et sa gloire.

A la suite de la campagne d'Egypte, des armes d'honneur, fusils, sabres, ou baguettes, sont accordés à titre de dons nationaux au lieutenant Paris,

blessé antérieurement à Mondovi (3 floréal an IV).
Au sergent-major Sabattier ;
Aux sergents Chaillard
et Baudry ;
Aux caporaux César,
Vincent
et Létuant.

⚜ ⚜ ⚜

La formation du corps expéditionnaire d'Egypte avait désorganisé l'armée d'Italie. Il ne restait guère que des cadres dans les dépôts. La situation était plus grave qu'en 1792, car l'ennemi était à nos portes et l'anarchie régnait à l'intérieur. Il ne restait plus dans les dépôts que des bataillons de recrue s'intitulant pompeusement les auxiliaires de l'armée d'Orient.

Le dépôt de la 69e demi-brigade à l'effectif de 115 hommes était alors à Toulon, avec celui de la 32e ; c'est là où rejoignit Giraud nommé capitaine le 11 germinal, an VII (1er avril 1799).

CHAPITRE III

I

ARMÉE DES COTES DE L'OCÉAN

L'historique du 69ᵉ régiment d'infanterie s'exprime ainsi, en ce qui concerne la formation du camp de Boulogne : « En juillet 1803, la 69ᵉ demi-brigade est envoyée au camp de Montreuil [1] placé sous le commandement du général Ney. Le 24 septembre, elle devint le 69ᵉ régiment d'infanterie [2].

« Le régiment prit part aux travaux de Boulo-

---

1. Cette assertion est inexacte ; la 69ᵉ demi-brigade était campée à Etaples sur la Canche, à douze kilomètres de Montreuil. Le quartier général de Ney était seul, à Montreuil avec une partie de sa cavalerie.
2. Cet arrêté des consuls du 24 septembre 1803, supprimait

gne et aux préparatifs de descente en Angleterre ; il acquit, comme les autres troupes, cette solidité et cette discipline qui allaient valoir à la grande armée les succès merveilleux de 1805. »

Puis, c'est tout... ce laconisme est plein de sous-entendus. Les lettres du capitaine Giraud complètent fort heureusement les lacunes qui existent dans l'historique du corps. Retenu à Besançon[1], par des affaires de famille qui exigeaient impérieusement sa présence, il ne put rejoindre son régiment au camp d'Etaples que dans les premiers jours du mois de novembre 1803. Il y trouva le 69e en pleine organisation. Le colonel Brun[2] avait pris le commandement de deux bataillons de guerre ; le 3e bataillon s'organisait à Luxembourg, sous le contrôle du major nouvellement promu.

Citons quelques lettres.

---

la dénomination de demi-brigade, pour lui substituer celle du régiment ; il organisait les régiments à trois bataillons, à huit compagnies dont un de dépôt ; il rétablissait la charge de colonel, et créait un emploi de major pour commander le dépôt.

1. Le dépôt de la 69e demi-brigade y tenait garnison (caserne Saint-Pierre), depuis le commencement de l'année 1802.
2. Colonel du 14 prairial an VII (4 juin 1799).

Reims, le 2 brumaire an 12
(25 octobre 1803).

Un commerçant de mes amis qui vient de Boulogne, m'assure que sur les côtes de l'océan, il y a bien un rassemblement de cent mille hommes. Je sais d'ailleurs d'une façon positive que vingt-deux régiments sont passés par Reims.

Du camp d'Etaples, le 22 brumaire an 12
(6 novembre 1803).

Le 69e fait partie de la brigade Roguet avec le 76e de ligne (division Loyson du 6e corps). Beaucoup de troupes sont arrivées ici, depuis que nous y sommes. Elles sont obligées de bivouaquer et de rester à l'injure du temps, faute de baraques pour les recevoir. Notre régiment aurait été dans le même cas, si le 6e bataillon de chasseurs à pied [1] ne nous eût pas donné l'hospitalité.

Depuis douze jours nous construisons nos baraques et nous n'avons pas encore pu en couvrir une seule. Les matériaux manquent absolument.

Les bateaux plats sont en très petit nombre; il

---

1. *Ex-chasseur des Alpes*, ayant constitué en 1795 le noyau de la 6e demi-brigade légère devenue le 6e léger.

n'y en a guère que quatre dans la baie d'Etaples. Nous nous en servons pour apprendre le maniement de la rame à nos soldats.

Néanmoins les Anglais ne paraissent pas être tranquilles; nos préparatifs les inquiètent. On assure qu'ils ont envoyé un ambassadeur à Calais, pour faire des propositions, à notre ministre des relations extérieures, M. Talleyrand qui vient d'y arriver. Voici quelles seraient les conditions d'un arrangement, s'il se faisait :

Evacuation par les Anglais de l'île de Malte;

Reddition de Gibraltar aux Espagnols;

Indemnité de quatre cents millions payée à la France.

Le premier consul est à Boulogne; on l'attend incessamment à Etaples pour y passer la revue des troupes.

27 brumaire an 12 (19 novembre 1803).

Nos baraques sont à peu près construites; elles sont au nombre de quatre par compagnie, sur deux rangs et peuvent contenir seize hommes chacune. Notre camp qui, à notre arrivée n'était qu'une plage stérile, présente maintenant l'aspect d'une petite ville.

Depuis quelques jours, on ne voit arriver dans la baie que des bâtiments de toutes les grandeurs.

Dans le port d'Etaples, on en porte le nombre à trois cents et l'on en attend encore le même nombre

24 germinal an 12 (14 avril 1804).

Beaucoup de troupes arrivent sur les côtes de l'océan, tant à Boulogne qu'à Vimereux, Etaples, Montreuil. La réunion des bateaux plats et des canonnières s'opère chaque jour. On en compte huit à neuf cents dans le port de Boulogne, et l'on en attend encore au premier jour, une division de deux cents.

Depuis que je fais la guerre, je n'ai pas encore vu autant de troupes réunies pour une même expédition. Aux environs d'Etaples, il y a cinq camps de trois régiments chacun, sans compter les troupes à cheval et l'artillerie qui sont cantonnées dans les villages et les fermes isolées.

Du camp d'Etaples, le 8 thermidor an 12
(27 juillet 1804).

Depuis une dizaine de jours, nous sommes sur pied pour recevoir l'empereur, de passage à Montreuil, le 30 messidor dernier. Le régiment s'y est rendu pour former la haie. S. M. ne s'y est point arrêtée et a continué sa route vers Boulogne où elle se trouve en ce moment. Sous peu elle viendra nous passer en revue, car d'après tous les rapports, le but de son voyage est l'inspection des camps qui sont sur les côtes. Les ministres de la guerre et de la marine sont passés hier à Montreuil, accompagnés de deux sénateurs ; ils vont rejoindre Sa Majesté. D'après tous ces mouvements, on en conclut qu'il y aura du nouveau sous peu.

27 fructidor an 12 (29 septembre 1804).

Napoléon a choisi le 15 août, jour de sa naissance pour faire à l'armée des côtes de l'océan, la distribution des croix de la légion d'honneur qu'il vient de créer et dont la première promotion date du 14 juin dernier.

L'empereur a voulu à cette occasion se montrer à ses troupes dans toute la puissance d'un souverain qui est en même temps un chef d'armée.

A l'extrémité droite de notre longue ligne de baraques, près de Boulogne-sur-Mer, la plage bordée de falaises presque abruptes sur certains points, se courbe en pente douce, de façon à former un cirque demi circulaire. Au centre de ce vaste cirque en amphithéâtre, était un tertre entouré de drapeaux pris à l'ennemi, dans les guerres de la République, du Directoire et du Consulat ; sur ce trône se trouvait un siège en velours sur lequel le nouveau César avait pris place. Les *loustics* prétendaient que ce siège était celui de Dagobert.

Au centre de ce vaste cirque, était un tertre. V. page 66.

Le 15 août 1804, à neuf heures du matin, la générale se fit entendre dans tous les camps ; les troupes en colonnes pressées, vinrent se ranger autour de ce grandissime hémicycle ; l'infanterie en avant, la cavalerie et l'artillerie derrière, et à midi 100,000 soldats contemplaient le plus magique spectacle que l'on puisse voir.

Lorsque l'empereur parut en avant du siège qui lui était réservé, une salve générale des batteries de terre salua les côtes d'Angleterre, comme pour défier en un champ clos, la perfide Albion ; 2,000 tambours battirent aux champs, couvrant à peine les cris enthousiastes d'une armée fascinée, et arrivée au paroxysme de l'exaltation.

Que d'heureux au régiment! Mais aussi quel désappointement pour beaucoup !

Du camp d'Etaples le 2⁰ complémentaire de l'an 12 (29 septembre 1804).

A la cérémonie de la remise des aigles de la légion, aux troupes du camp de Boulogne, nous n'avons eu au 69ᵉ que six marques d'honneur dont deux seulement pour les officiers. Le colonel, m'a-t-on dit, en rentrant le soir dans sa baraque, a fait un second mémoire de proposition pour la légion d'honneur, en faveur de six capitaines. M'a-t-il porté ?... Je l'ignore absolument. Le commandant Magne avec lequel je suis dans de très bons termes n'est pas aimé du colonel; il n'a pas pu, ou n'a pas osé se renseigner.

Le lendemain de cette cérémonie, le colonel recevait l'ordre de désigner huit militaires de son régiment, pour se rendre à Paris, et assister au couronnement de l'empereur ; savoir :

Le colonel ;
un capitaine ;
un sergent-major ;
un fourrier ;
deux grenadiers ;
deux fusiliers.

> Du camp d'Etaples le 14 nivôse, an 13
> (5 janvier 1805).

Je viens de faire un détachement de six jours, à l'effet de faire travailler mes hommes, à la construction d'une batterie de côte. Depuis mon retour, à Etaples, nous éprouvons un très gros temps, accompagné de grands froids. La tempête a été si forte en mer, que trois bâtiments anglais se sont échoués sur nos côtes ; l'un était chargé de toile et de drap ; un autre de beurre et le troisième de sel. On n'a pu sauver que cinq hommes ; tout le reste a fait naufrage.

Malgré le mauvais temps, des bâtiments nouveaux nous arrivent chaque jour. Avant-hier, il est entré dans la baie d'Etaples, quarante bâtiments de transport et une division de bateaux plats. On porte le nombre des navires qui sont ici, maintenant à quatre cent cinquante ou cinq cents. La flottille de Boulogne est forte de mille à douze cents bâtiments, tant canonnières que bateaux plats et péniches.

Toute l'infanterie va reprendre le blanc et aura l'habit veste. Dorénavant les cheveux seront coupés ras.

Du camp d'Etaples, le 23 ventôse an 13
(15 mars 1805).

Voilà six jours que nous jouissons du plus beau temps du monde. Nos ennemis les Anglais savent en profiter. Leurs bâtiments, au nombre de vingt-cinq, tant vaisseaux que frégates et bricks sont continuellement en vue et à deux portées de nos canons de terre. Nos canonnières leur tirent de temps à autre et fort loin, quelques coups de canon.

Rien ne peut sortir d'Etaples, pas même les bateaux pêcheurs.

On attend quelques régiments de cavalerie; je ne vois pas trop ce que la cavalerie vient faire ici : ce qui me fait supposer que cette nouvelle ne se confirmera pas.

En attendant, puisque rien ne vient nous assurer d'une levée prochaine du camp d'Etaples, je me décide à me faire construire une baraque derrière celle de mes sous-officiers pour y trouver un abri dans le mauvais temps.

Du camp d'Etaples, le 24 floréal an 13
(14 mai 1805).

La majeure partie de mon régiment s'est embarquée le 18. Ma compagnie était du nombre des unités chargées de surveiller les bateaux-canonniers qu'on renouvelle tous les mois.

On fait de grands préparatifs pour une descente prochaine en Angleterre. Tous les mouvements de troupes se font, je crois, dans le but de faire diversion à l'ennemi. Depuis mon débarquement, je ne vois arriver que canons et caissons d'artillerie. On attend un régiment de chasseurs à cheval et quatre régiments d'infanterie, dont le 76e qui arrive demain [1].

---

[1]. Le 76e forme brigade avec le 69e.

II

L'EMPIRE

En 1804, l'ascendant que le premier consul s'était acquis dans la conduite des affaires, avait façonné à l'obéissance les champions d'une liberté à outrance. S'avouant vaincus depuis les journées du 18 brumaire, ils ne songèrent plus dorénavant qu'à faire servir à leurs intérêts privés, ce qui leur restait encore de crédit et d'influence.

Fort de sa volonté qui s'affermissait de jour en jour; fort de l'affection de l'armée qui voyait en lui, le plus grand des capitaines du monde moderne, le général Bonaparte releva le trône, en fondant sur les débris de la république, une autorité sans limites et sans frein. La société était avide de repos et d'ordre; le retour aux formes monarchiques sembla tout naturel et n'éprouva aucun obstacle de la part de la nation qui accueillit avec joie cette nouvelle révolution, parce que la monarchie était alors, comme elle sera toujours en France, la plus sûre garantie de la prospérité.

Le traité de Lunéville conclu le 9 février 1801, avait amené la paix entre la France et l'Europe continentale ; celui d'Amiens, proclamé à Paris le 25 mars 1802, avait cimenté la paix avec l'Angleterre. Telle était la situation en France, lorsqu'éclatait en 1804, le complot tramé contre la vie du premier consul par Pichegru, Moreau et Georges Cadoudal. Ce dernier, mais surtout, la rupture du traité d'Amiens qui présageait une guerre longue et terrible et de nouvelles coalitions, servirent d'échelons au général Bonaparte pour ressusciter l'empire de Charlemagne.

Le mot d'ordre ayant été donné, l'armée, les départements, les tribunaux, tous les employés de l'état, toutes les sociétés savantes rédigèrent des adresses pour supplier Bonaparte de consolider le gouvernement, en le rendant héréditaire. Et le 2 floréal an XII (18 mai 1804), le tribunat, le corps législatif et le sénat proclamèrent Napoléon Bonaparte, empereur des Français. Tout ce qui avait été dit, fait ou écrit en faveur de la liberté fut dès lors oublié ; la nation se jeta dans l'empire, comme elle s'était jetée dans la révolution. Un sénatus-consulte modifia la constitution ; et pendant dix ans, la France dépouillée de toutes ses libertés sera dorénavant gouvernée par la volonté d'un seul homme.

A défaut d'héritiers directs, *Joseph* et *Louis Bona-*

parte frères du nouvel empereur furent reconnus princes français et appelés à succéder à Napoléon.
— Les généraux de division, *Berthier, Murat, Moncey, Jourdan, Masséna, Augereau, Bernardotte, Soult, Brune, Lannes, Mortier, Ney, Davoust, Bessières, Kellermann, Lefèvre, Pérignon* et *Serrurier* furent nommés maréchaux de l'empire.

Le clergé prodigua à Napoléon des louanges outrées que rien ne justifiait et le pape **Pie VII** vint à Paris pour sacrer la nouvelle dynastie, dans l'église de Notre-Dame, le 2 décembre 1804.

Le Directoire avait cru ériger en République les états conquis par ses armées, Napoléon devenu empereur se hâta de les transformer en monarchies.
— La consulte d'Etat de la République Cisalpine décida que la monarchie héréditaire serait rétablie dans la Lombardie et que la couronne serait offerte à Napoléon avec le titre de roi d'Italie. Il accepta comme il avait accepté celui d'empereur des Français, passa les Alpes et reçut à Milan, le 26 mai 1805, la couronne de fer des rois lombards. — Après avoir nommé Eugène de Beauharnais, son fils adoptif, vice-roi d'Italie, il partit pour Gênes qui renonça à la souveraineté de ses doges et fut incorporée à l'empire français. — La petite république de Lucques fit aussi sa révolution ; sur la demande de son gonfalonier, elle fut donnée en

apanage au prince et à la princesse de Piombino, sœur de Napoléon [1].

Au mois d'octobre 1805, l'Empereur, à la tête d'une armée destinée à envahir l'Angleterre, avait dit à Berthier, au camp de Boulogne :

« — Si je parviens, à me rendre maître pendant quelques heures seulement du canal britannique, c'en est fait de l'Angleterre. La domination de l'Europe m'appartiendra ».

Malheureusement l'impéritie de ses amiraux l'empêcha de se rendre maître de la Manche, pendant le temps nécessaire pour effectuer le passage qu'il méditait. Il dut dès lors renoncer à sa gigantesque entreprise, pour tourner toute sa colère contre le continent qui venait d'adhérer à une ligue nouvelle.

C'était la troisième coalition.

Souverain d'un grand peuple, Napoléon allait donc pouvoir déployer toute la profondeur de ses conceptions; joindre la rapidité des coups à la simplicité des moyens employés; imprimer à toutes ses opérations un cachet d'unité que jusqu'à pré-

---

1. Marie-Anna-Elisa Bonaparte, née à Ajaccio le 21 mars 1771; mariée à Félix Bacchiochi, prince de Piombino, le 5 mai 1797; morte à San-Andrea, le 7 août 1820; enterrée à Trieste (Autriche).

sent, il n'avait pas dépendu de lui de donner à la direction des armées françaises.

Le but que se proposaient les coalisés de 1805 et qu'ils ne purent réaliser qu'en 1814, était de faire rentrer la France dans ses anciennes limites, de rendre aux souverains dépossédés tout ce qu'ils avaient perdu; de rétablir l'indépendance de la Suisse et de la Hollande.

La troisième coalition prépara quatre attaques contre la France : la première au nord, par la Poméranie sur le Hanovre et la Hollande devait être exécutée par des Suédois, des Russes et des Anglais; la seconde, à l'est, par la vallée du Danube, confiée aux Russes et aux Autrichiens combinés; la troisième en Lombardie, réservée aux Autrichiens seuls; la quatrième au midi de l'Italie devait être entreprise un peu plus tard, par une armée combinée de Russes, d'Anglais et de Napolitains.

Napoléon ne considérait comme sérieuses que les deux premières attaques par la vallée du Danube, c'est-à-dire celles par la Bavière et la Lombardie. Masséna était à la tête de l'armée d'Italie. Il lui confia la mission de maintenir les Autrichiens en Lombardie, pendant que le gros de ses forces se porterait dans la vallée du Danube, de façon à battre les Autrichiens avant l'arrivée des Russes.

Le général Mack commandait l'armée autrichienne de Souabe ; environ 85,000 hommes établis derrière l'Iller, la gauche à Memmingen, la droite à Ulm.

C'était ce que désirait Napoléon, afin de pouvoir battre son adversaire en détail, le tourner, l'envelopper, avant qu'il pût être secouru par l'armée russe qui n'était encore qu'à la hauteur de Vienne.

Dans ce but, l'empereur ne divulguant son secret à personne, prescrivit à Bernadotte qui se trouvait en Hanovre, et à Marmont qui se trouvait en Hollande de descendre vers le Danube par Würtzbourg. En même temps il portait par un mouvement de l'ouest à l'est, de Boulogne-sur-Mer à Strasbourg, les corps campés sur le littoral de la Manche, de façon à se joindre en Franconie aux corps de Bernadotte et de Marmont, à franchir le Danube au-dessous d'Ulm, à se placer ainsi derrière les Autrichiens, les cerner, et une fois débarrassé d'eux, marcher sur Vienne.

Ce projet se réalisa en tous points, au gré de l'empereur.

Ce fut le 27 août 1805, au soir, que Napoléon signa les ordres de départ et de mouvement de ses corps d'armée. Les corps de Hollande et du Hanovre en se mettant en marche les 1er et 2 septembre devaient arriver à Würtzbourg les 19 et 20 du même mois. Quant à l'armée de Boulogne, il lui fallait vingt-quatre jours de marche pour arriver sur le

Rhin, entre Manheim et Strasbourg. Elle commença son mouvement le 29 août au matin, chaque corps d'armée prenant une route différente pour éviter l'encombrement. Ce fut une grande joie pour les soldats de se mettre en route, pour aller en Allemagne, affronter les ennemis qui les y attendaient, et cueillir de nouveaux lauriers.

Napoléon de son côté arriva à Strasbourg le 15 septembre. Au grand étonnement de l'Europe, les têtes de colonnes françaises se montraient déjà à Würtzbourg, à Mayence, à Strasbourg. Les généraux allemands crurent que le principal théâtre de la guerre serait en Bavière, objectif supposé de l'armée française des côtes de la Manche. Cette armée nommée par l'empereur, *la grande armée*, était organisée en sept corps d'armée de deux à cinq divisions et commandés par *Bernardotte, Marmont, Davoust, Soult, Lannes, Ney, Augereau*. Chaque corps d'armée était complet en infanterie et en artillerie, mais ne comprenait que peu de cavalerie, le gros de cette arme formait un corps spécial sous le commandement de *Murat*. La grande armée présentait ainsi une masse de 186,000 combattants ; on y comptait 38,000 cavaliers et 340 bouches à feu ; elle devait être secondée par un corps de 30,000 Allemands alliés (Bavarois et Badois).

Le passage du Rhin s'effectua les 25 et 26 septembre. Les colonnes françaises feignirent de s'engager dans les défilés de la Forêt Noire, pour attirer de ce côté, l'attention des Autrichiens, tandis qu'au contraire, elles avaient ordre de côtoyer les Alpes de Souabe, sans les franchir, et de les tourner à leur extrémité. Cette manœuvre s'exécuta avec une précision admirable et le 6 octobre, nos corps d'armée arrivèrent sans accidents au delà des Alpes de Souabe : le maréchal Ney à Heidenheim, le maréchal Lannes à Nereshein, le maréchal Soult à Nordlingen, le maréchal Davoust à Œttingen, le général Marmont et le maréchal Bernadotte sur la route d'Aichstedt; tous, en vue du Danube, au delà de la position d'Ulm.

« — Maintenant, je les tiens ! » — s'était dit Napoléon. — Et en effet, il les tenait.

Maintenant, je les tiens!... p. 79.

CHAPITRE IV

OPÉRATIONS DE LA GRANDE ARMÉE

I

En Autriche.

« L'Angleterre, menacée dans son île, a suscité
» contre nous, une troisième coalition dans laquelle
» sont entrées l'Autriche, la Russie et la Suède.
» L'Autriche a mis sur pied, trois armées : en Ita-
» lie, dans le Tyrol et la Bavière. La dernière,
» sous les ordres de Mack, pousse jusqu'à l'Iller où
» elle s'établit vers le mois de septembre 1805 ; la
» droite à Ulm, la gauche à Memmingen, attendant
» l'entrée en ligne des Russes attardés en Moravie.
» Mais déjà tout s'ébranle aux ordres de Napo-
» léon pour la campagne d'Ulm et d'Austerlitz : le
» camp de Boulogne est évacué les 28, 29 et 30

» août pour se porter sur le Rhin que les divisions
» atteignent les 22, 23 et 24 septembre.

» Le 26 septembre, le corps Ney qui constitue
» l'aile droite de la grande armée défilant à travers
» la Souabe est à Durlach, pour de là se porter sur
» les derrières de Mack.

» Le 30, le 6ᵉ corps est à Albeck, sur la rive
» gauche du Danube, formant pivot et masquant
» la grande conversion exécutée par la grande ar-
» mée, pour se rabattre au sud du fleuve, et couper
» à Mack, les routes de Vienne, par la rive droite.

» Ce mouvement est à peine accompli, que Ney
» reçoit l'ordre le 9 octobre, de s'emparer du pont
» de Guntzbourg, pour se relier au gros de l'armée. »

Ainsi s'exprime l'*Historique du 69ᵉ régiment d'infanterie*. Rien de plus, rien de moins. — Lisons maintenant le carnet de campagne de Giraud pendant la campagne de 1805.

Neubourg, le 30 vendémiaire an 14 (3 octobre 1805).

L'ordre de se mettre en marche vers le Rhin, date du 5 fructidor (1ᵉʳ septembre).

Le 5 vendémiaire an 14 (4 septembre 1805), nous avions atteint le Rhin que nous passions le lendemain, à Durlach, vers six heures du matin. L'ordre lu aux troupes porte les indications suivantes : « La troupe sera en tenue de parade, habit bleu à revers blanc, culotte blanche, guêtres noires ; les grenadiers porteront le bonnet à poil, avec le plumet. Fantassins, cavaliers et artilleurs *auront à leurs chapeaux des branches de chêne, en signe de réjouissance des victoires que l'armée obtiendra sur les ennemis de l'empire.* »

Notre entrée en Allemagne s'effectua au port d'armes, musique en tête.

Le 29, nous avions dépassé Neubourg, marchant au pas de route, le fusil porté à volonté sur l'une ou l'autre épaule. Tout à coup, le chef de bataillon Magne, nous fit serrer les rangs, mettre la baïonnette au bout du canon et prendre le pas cadencé : nous passions près du tombeau de la Tour-d'Auvergne auquel nous rendions les honneurs. Les tambours battirent au champ ; les soldats défilèrent au port d'armes ; les officiers saluèrent de l'épée.

De son côté, le capitaine Marion [1], aide de camp du général Perretty, mon beau-frère, m'écrit qu'il a passé le Rhin, le 30 septembre, pour gagner Ludwigsbourg, en passant par Rastadt. Nous ne laissons aucune troupe entre nous et le Rhin ; les communications sont interrompues avec Strasbourg.

Nous marchons jour et nuit, ne nous arrêtant

---

1. Giraud avait épousé en 1803, la fille aînée du directeur du service des lits militaires de Besançon. (Voir à la fin du volume ses états de service.)

pour ainsi dire, que dans les cas d'une impérieuse nécessité. Le jour cela passe encore : un loustic y va de sa romance sentimentale ; toute la compagnie fait chorus avec lui : on fume sa pipe de temps à autre, cela tient compagnie. Et puis toutes ces branches vertes qui se balancent au-dessus des coiffures, et ondulent devant les yeux, ça récrée la vue. Mais je ne connais rien de fatigant, comme une marche dans l'obscurité. On dort debout. Si un soldat fait un faux pas, ou butte contre une pierre, il tombe sur le voisin et *patatras*, voilà toute une file qui roule dans la boue, car le mauvais temps a été presque constant, pendant tout le temps que nous avons traversé la France, du camp de Montreuil à Schelestadt ; tantôt une pluie fine et froide ; tantôt de la neige à demi fondue dans laquelle on enfonçait jusqu'à mi-jambe.

Nous n'avons ni magasins ni vivres assurés par l'administration. Chacun vit comme il peut, en mettant le pays à contribution. En très peu de temps la contrée fut épuisée tellement nos colonnes se suivaient pressées et rapides. Au bivouac, le vent empêchait souvent d'allumer des feux.

Le 1er octobre, nous arrivions à Stuttgard, où le maréchal Ney avait établi son quartier général. Nous y fîmes séjour jusqu'au 4 ; la veille, notre commandant de corps d'armée, accompagné du prince Murat nous passait en revue.

En voilà deux lapins qui n'ont pas froid aux yeux.

Ney rappelle en lui, l'âme et le courage de l'armée. Le temps est-il mauvais ; la fatigue extrême ? Dès qu'il paraît, le ciel devient serein, la fatigue disparaît, on le voit partout au milieu de nos rangs, se nourrissant à peu près comme nous, se couchant dans une grange, sur une botte de paille. Avec lui, nous irions partout. — Le prince Joachim Murat rappelle par sa bravoure, son humeur aventurière, les prouesses des chevaliers du temps passé. Beau de valeur et de figure, bien fait, élégant de sa personne, plus que somptueux dans ses vêtements, il ne connaît du danger que le nom.

Guntzbourg, le 26 brumaire an 14
(18 octobre 1805).

Aucun poste n'est encore établi dans des divisions qui opèrent en Allemagne ; voici cependant quelques indications sur ce que nous avons fait depuis notre passage du Rhin jusqu'à la bataille d'Elchingen qui a eu lieu le 22 de ce mois (14 octobre).

Le 13 vendémiaire, nous avons pris position à Langenau, sur la rive droite du Danube, laissant la 1ʳᵉ division seule, sur la rive gauche, à Albeck, en face d'Ulm et à trois lieues de distance de l'ennemi. Le 11, cette division livra à Albeck, un combat prodigieux contre toute l'armée autrichienne. Cette journée fut très glorieuse pour nos armes, mais une des plus pénibles. Le même soir, il fallut se remettre en route pour faire la chasse aux habits blancs, en colonnes par bataillon sur un terrain coupé, difficile, jonché de casques de fusils et de sacs.

La division Dupont (1re) n'était pas moins très en l'air; c'est alors que la division Loyson (2e) reçut l'ordre de passer sur la rive gauche du Danube, pour donner la main aux vainqueurs d'Albeck.

Telle était la situation lorsque Napoléon arrivait d'Augsbourg, le 21 vendémiaire au soir. En vérité, aucune langue ne saurait chanter la gloire de notre empereur. En un clin d'œil, il a tout vu, et lui, qui n'avait pas quitté ses habits depuis neuf jours, galope à notre tête, radieux de gloire et de satisfaction.

Dès le soir même, la division Loyson prit position à Leiben et à Nassingen. Le lendemain, à huit heures du matin, elle marcha sur le village d'Elchingen; les maisons des pêcheurs et le couvent furent enlevés par le 6e léger et pendant que le 39e adossé à un bois résistait aux charges de la cavalerie autrichienne et cherchait à s'emparer de la chapelle de Volfang, mon régiment, le 69e, passa le

Danube à son tour et se plaça entre ce régiment et la cavalerie de Tilly.

Ces dispositions prises, le maréchal Ney lança la brigade Roguet à l'attaque du plateau d'Elchingen; les deux régiments accolés en colonnes

... galope à notre tête, radieux de gloire et de satisfaction, P. 86.

serrées par division. Notre régiment marcha sur l'ennemi, sans tirer un coup de fusil jusqu'à portée de pistolet, puis on fit déployer les colonnes et croiser la baïonnette. Plus de 2,000 prisonniers, un drapeau et deux pièces de canon tombèrent entre nos mains. Tout cela a été le résultat de cinq minutes de combat. Elles ont suffi pour faire perdre au régiment environ quatre cents hommes, tant tués que blessés, et mettre hors de combat quatorze officiers, dont deux tués : le capitaine Robert et le sous-lieutenant Gaffé.

C'est en abordant la lisière est du bois du couvent que j'ai été blessé d'un biscaïen qui m'a fracturé le bras gauche, en perforant les chairs assez profondément.

Depuis quatre jours, il m'a été impossible de prendre une minute de repos. Le chirurgien-major qui m'a posé le premier appareil de pansement m'assure que ce n'est qu'une fracture simple, et que je ne dois avoir aucune crainte de mon bras. J'en accepte l'augure, car depuis ce matin, malgré les fatigues d'une position gênante pour écrire cette lettre, je n'ai ressenti aucune douleur désagréable de mon bras.

Mon intention est de me faire évacuer sur Strasbourg.

En ce moment, on s'occupe de la capitulation d'Ulm, dont on espère être maître avant trois jours.

P.-S. — Avant de fermer cette lettre, j'apprends à l'instant la capitulation d'Ulm. La victoire est à nous. L'ennemi est complètement battu et sous peu, vous apprendrez la défaite complète de l'armée autrichienne. Vive l'empereur!...

Nous sommes dans la neige et la boue jusqu'au col, buvant de l'eau très mauvaise et ne mangeant que des pommes de terre; bien heureux encore, lorsqu'après nos fatigues, nous trouvons un peu de paille pour nous étendre et nous reposer dans une maison quelconque. Malgré toutes ces misères, nous avons battu les Autrichiens, leur avons fait 45,000 à 50,000 prisonniers, et pris 100 pièces de canon. Toute l'armée autrichienne est détruite; il ne nous reste plus à battre que les Russes, après quoi nous trouverons le Tyrol pour y ramasser les débris de l'armée autrichienne qui s'y trouve et à laquelle le général Masséna ne fait aucun quartier.

Il faut voir nos victoires pour les croire.

Spire, le 14 brumaire an 14
(5 novembre 1805).

Toujours en route, nous marchons douze à seize heures par jour. Tous les militaires de la grande armée s'accordent à dire qu'ils n'ont pas encore fait une campagne aussi pénible que celle-ci. Nous nous arrêtons si peu qu'il nous est impossible de faire blanchir notre linge. Je porte la même chemise depuis quatorze jours. On ne fait aucune distribution de vivres; nous mangeons ce que le paysan veut bien nous donner et le plus souvent, des racines et de l'eau. Un jour sur neuf, nous couchons dans un palais, les autres jours sur la paille, dans une grange et au bivouac.

Il faut être jeune et avoir un tempérament de fer pour résister à une pareille campagne, au cœur même de l'hiver.

Il fait aussi froid qu'en France au mois de janvier. Tout le pays est couvert de neige et malgré cela, souvent nous nous mettons en route à deux heures du matin.

Nous n'avons plus devant nous que 50,000 Russes qui se battent fort mal, fuient à notre approche et une dizaine de mille d'Autrichiens que nous terrorisons. On assure que le prince Charles fait venir d'Italie 50,000 hommes qui retarderont notre entrée à Vienne. Qu'il se dépêche!... Nous n'avons plus que cinq jours de marche à faire pour nous trouver aux portes de la capitale de l'Autriche. Qu'il prenne garde à la jonction de Masséna avec la grande armée!... Alors plus rien ne nous résisterait.

Malgré leurs misères, nos soldats sont contents. Les Autrichiens sont tellement effrayés de nos armes qu'ils abandonnent les places les plus fortes, sans tirer un seul coup de canon. Ils ne peuvent plus se relever et les Russes qui en ont déjà assez, demandent à retourner chez eux.

D'après un certificat que vient de me délivrer le chirurgien en chef de l'hôpital d'Ulm, je devais être dirigé sur le 3ᵉ bataillon de mon régiment, qui est à Luxembourg. Mais ma blessure allant de mieux en mieux et désirant rejoindre ma compagnie, sitôt que je pourrais faire mon service, j'ai sollicité des autorités militaires de cette ville, la faveur de me faire traiter à Besançon. Cette faveur n'étant pas de leur compétence, je serai dirigé par le prochain convoi sur Strasbourg, et on me fait espérer que là, on accédera à ma demande. Dans le cas contraire, je compte toujours me rendre à Besançon sans autre pièce que mon certificat de visite. A moins d'événements imprévus, j'y serai certainement le 6 ou le 7 du mois prochain.

₰ ₰ ₰

Ici, ouvrons une parenthèse pour résumer en quelques lignes les opérations de Napoléon que les lettres de Giraud ne font qu'esquisser.

Le 7 octobre, Soult enlevait le pont de Donauverth et occupait cette ville; Murat traversait le Danube au pont de Munster, puis occupait le pont de la ville de Rain, sur la Lech. Pendant ce temps, Davoust était parvenu à proximité du pont de Neubourg.

Mack restait toujours à Ulm, croyant que les Français suivraient la route accoutumée pour venir l'attaquer de front. Il s'était donc borné à détacher le général Kienmayer, avec quelques mille hommes sur Ingolstadt, pour se lier aux Russes qu'il attendait par la route de München. Cette sécurité du général autrichien favorisa le plan de Napoléon qui prit position entre les Autrichiens et les Russes, de manière à les empêcher de se joindre.

Le 8 octobre, Murat et Lannes, en remontant le Danube, de Donauwerth à Burgau, rencontrèrent et culbutèrent près de Wertingen, un corps ennemi envoyé en reconnaissance. Le même jour, Soult entrait à Augsbourg, sans coup férir; Davoust passait le Danube à Neubourg et se portait sur Aichach.

Alors Napoléon, pour resserrer la position d'Ulm, ordonnait à Murat et à Lannes de remonter la rive droite du Danube; tandis que Ney devait remonter la rive gauche, pour s'emparer de tous les ponts.

Ney exécuta immédiatement les ordres qu'il venait de recevoir et fut obligé de livrer le combat de Gunzbourg, pour s'emparer du pont qui se trouve en cet endroit.

Le 9 au soir, Napoléon se transportait de Donauwerth à Augsbourg pour se trouver plus au centre de ses opérations; il y trouvait le maréchal Soult, avec le 4e corps. A cette date Davoust s'était établi à Aichach; Marmont le suivait; Bernadotte s'acheminait vers Munich.

Pour empêcher Mack, s'il sortait de ses irrésolutions, de gagner le Tyrol par Kempten, afin de rejoindre l'armée autrichienne d'Italie, le maréchal Soult dont le corps avait été remplacé à Augsbourg par celui de Marmont, reçut l'ordre de remonter la Lech jusqu'à Landsberg pour aller occuper Memmingen et intercepter la route qui conduit de ce point à Kempten.

Mais pendant que Bernadotte entrait à Munich (12 octobre) où il était reçu avec joie par les habitants, les Autrichiens, au lieu de gagner le Tyrol, se concentraient derrière l'Iller, entre Memmingen et Ulm. Tout faisait présager une bataille pour le 14. Napoléon s'y prépara et prit ses dispositions pour grouper 100,000 hommes dans un espace de dix lieues, de Memmingen à Ulm. Cette bataille était celle d'Elchingen racontée plus haut par Giraud.

Ney occupait alors seul la rive gauche du Danube sur laquelle il n'avait qu'une seule division, celle du général Dupont. Le maréchal sentant le défaut de cette situation dont les Autrichiens pouvaient profiter en culbutant cette division pour s'enfuir par la rive gauche, demanda un renfort à son collègue Murat. Mais celui-ci, s'en tenant à la lettre des ordres de l'empereur qui disaient de se concentrer autour d'Ulm, et se prévalant de son titre de prince et de beau-frère de Napoléon, n'en fit rien et donna l'ordre de laisser les choses en l'état. Ce conflit faillit amener la ruine du plan conçu par le chef de la grande armée.

A ce moment seulement, Mack commença à deviner le fâcheux de sa position. Il opéra un changement de front en arrière, de telle sorte qu'il prit position, sa droite à Memmingen et sa gauche à Ulm, tournant ainsi le dos à la France, tandis que l'armée française tournait le dos à l'Autriche. L'ennemi se trouvait en grande partie concentré sur le *Michelsberg* qui domine la ville d'Ulm.

Le 11 octobre, le général Dupont qui se trouvait sur la rive gauche du Danube, se rapprocha du Danube et prit la route d'Albeck, conformément aux instructions qu'il avait reçues. Parvenu au village de *Haslach*, d'où l'on découvre le Michelsberg, il y aperçut 60,000 Autrichiens. Bien que sa division ne fût que de 6,000 hommes, il résista pendant cinq heures de lutte acharnée, contre 25,000 que l'on détacha contre lui, et profita de la nuit pour se retirer, emmenant avec lui 4,000 prisonniers.

Ce beau combat fit croire à Mack que Dupont n'était pas seul sur la rive gauche. Le général autrichien se vit cerné de toutes parts; ne pouvant se résoudre à fuir par la rive gauche, ou à gagner le Tyrol, il résolut de s'établir solidement à Ulm pour y attendre la venue des Russes par Munich, ou l'armée autrichienne d'Italie par le Tyrol. Une de ses divisions renforça cependant le corps de Memmingen; une autre, sous les ordres du général

Riese, s'empara des hauteurs d'Elchingen, et reconnut la rive gauche du Danube.

Au pied de ces hauteurs se trouvait un pont de pilotis gardé par un détachement français qui se retira devant le général Riese, en y mettant le feu pour se couvrir. L'armée française n'eut plus dès lors sur la rive gauche d'autres communications que les ponts de Güntzbourg situés au-dessus d'Elchingen, et comme la division Dupont avait gagné Langeneau, les Autrichiens avaient devant eux une ligne de retraite ouverte, sans obstacles. Ils l'ignoraient fort heureusement.

Arrivé devant Ulm, le 13 octobre, Napoléon visita les positions occupées par son armée. Afin que les Autrichiens ne lui échappassent pas, il renforça la division Dupont; puis il rétablit la communication de la rive droite à la rive gauche, par le pont le plus voisin d'Ulm; celui d'Elchingen. Ney y reconstruisit ce pont de vive force, le lendemain, 14.

Ce fut à grand'peine que l'on parvint à rétablir, sous le feu des Autrichiens, le tablier de ce pont détruit par l'ennemi. Cela fait, Ney s'élança sur l'autre rive du Danube, à la tête de ses bataillons. Nos colonnes gravirent les rues tortueuses du village d'Elchingen, exposées par cette lente ascension au feu plongeant de l'infanterie autrichienne postée dans les maisons dont nos soldats s'emparèrent une à une. Nos troupes parvinrent ainsi sur les plateaux qui s'étendent de là jusqu'au Michelsberg, au-dessous même de la ville d'Ulm.

Pendant ce temps, Lannes se rapprocha du Danube, par la rive droite; le général Marmont s'avança sur l'Iller et le maréchal Soult, après avoir pris possession de Memmingen, s'achemina vers Ochsenhausen, pour compléter de tous les côtés l'investissement de la place et du camp retranché d'Ulm. Dorénavant les Autrichiens étaient enfermés dans la forteresse, sans espoir d'en sortir autrement que par capitulation; sans aucune chance de se sauver.

Mack n'avait plus que 50,000 hommes; il ne lui restait qu'un parti à prendre : chercher à se faire jour les armes à la main, afin de succomber au moins avec honneur et gloire. Il aima mieux persister à rester concentré à Ulm et y attendre les secours de l'armée russe. Pour ne pas être fait prisonnier, l'archiduc Ferdinand quitta Ulm sans ordre, avec six ou sept mille chevaux et un corps d'infanterie avec l'intention de gagner le Palatinat par la Bohême. Malgré l'activité de Murat, il parvint, en effet, à gagner la route de Bohême, avec deux ou trois mille chevaux.

Le 15 au matin, Napoléon décidé à en finir, prescrivit à Ney d'enlever les hauteurs de Michelsberg. Pendant que Ney accomplissait cet ordre, Lannes enlevait de son côté le Frauenberg. Les deux maréchaux descendirent ensuite dans la plaine pour se rapprocher des murs de la place.

Le lendemain, 16, l'empereur fit jeter quelques obus dans Ulm et donna l'ordre, le soir, à l'un des officiers de son état-major, d'aller sommer, en son nom, le général Mack de se rendre. Ce dernier demanda huit jours avant de capituler. Mais l'empereur menaçait Ulm d'un assaut, les troupes ennemies étaient menacées du sort le plus rigoureux. Le général autrichien capitula le 19. La garnison devait déposer les armes, se constituer prisonnière de guerre et être conduite en France, si le 25 octobre avant minuit, un corps austro-russe capable de débloquer Ulm ne se présentait pas.

Mack et l'armée autrichienne sortirent cependant d'Ulm le 20, pour défiler devant Napoléon, en vertu d'une nouvelle concession de la part du général ennemi qui avait exigé en retour que le corps de Ney ne restât devant la place que jusqu'au 25.

Ainsi, en vingt-quatre jours, depuis le passage du Rhin par la grande armée, nous avions détruit, sans livrer bataille, une armée de 80,000 hommes, et cela sans avoir, outre quelques éclopés, par suite des marches forcées, plus de 1,500 hommes hors de combat. C'était bien, comme le disaient nos soldats, faire la guerre avec les jambes.

Dès le lendemain de la reddition d'Ulm, Napoléon partit sans retard pour Augsbourg, dans l'intention d'arriver sur l'Inn avant les Russes et de marcher sur Vienne.

―――

II

EN PRUSSE (1806)

Le traité de Presbourg, conséquence de la victoire d'Austerlitz avait été signé le 26 décembre 1805 ; il terminait la campagne de 1805 en Allemagne, laquelle n'avait duré que trois mois, du 26 septembre, jour du passage du Rhin par l'armée française, au 26 décembre, jour de la signature du traité.

Par ce traité, la France obtenait les Etats de terre ferme de Venise, ajoutés au royaume d'Italie ; le Bavière s'agrandissait et devenait un royaume ; l'Autriche perdait quatre millions de sujets et quinze millions florins de revenu ; François II renonçait au titre d'empereur d'Allemagne, et abandonnait Venise, l'Italie, la Dalmatie, le Tyrol, le Voralberg et tout ce qu'il possédait dans la

Souabe qui fut partagé entre les princes de Wurtemberg et de Bade.

Le traité de Presbourg complétait l'abaissement de l'Autriche commencé par le traité de Campo-Formio [1], continué par le traité de Lunéville [2].

La France avait beaucoup fait pour Napoléon ; mais chaque faveur avait reçu sa récompense. — Général en chef, il conquérait l'Italie et consacrait par le traité de Campo-Formio, toutes les conquêtes de la révolution ; premier consul, il avait effacé à Marengo, le souvenir des défaites de Scherer, de Moreau, de Macdonald, de Joubert et de Championnet ; empereur, il venait d'élever la France à un degré de gloire et de puissance auquel elle n'avait jamais atteint depuis Charlemagne.

Lorsqu'il revint d'Austerlitz avec son invincible garde, la nation ivre d'enthousiasme, en le voyant couronné de tant de gloire, lui décerna le titre de GRAND que Charles Ier, Henri IV et Louis XIV avaient seuls porté en France avant lui et dont certainement, il était aussi digne qu'eux.

Après la paix de Presbourg, Napoléon s'étu-

---

1. 17 octobre 1797.
2. 9 février 1800.

dia à faire disparaître tout ce qui pouvait rappeler le souvenir de la révolution et à étendre sa domination partout. — Le 1er janvier 1806, le calendrier grégorien remplaça le calendrier républicain ; le Panthéon fut rendu au culte et bientôt le tribunat cessa même d'exister. Le 30 mars 1806, Joseph Bonaparte, frère de l'empereur fut déclaré roi des Deux-Siciles. — Peu après, le 5 juin de la même année, la Hollande fut érigée en royaume et reçut pour souverain, Louis Bonaparte, autre frère de Napoléon. Il n'existait plus alors aucune des républiques créées par la Convention ou par le Directoire.

Napoléon qui nommait si facilement des rois secondaires, profita de son ascendant pour rétablir le régime militaire hiérarchique et les titres du moyen-âge. Le maréchal Berthier fut investi de la principauté de Neuf-Chatel ; le ministre Talleyrand de celle de Bénévent ; le prince de Borghèse et sa femme de celle de Guastalla ; Murat du grand duché de Clèves et de Berg. Il érigea en duchés, la Dalmatie, l'Istrie, le Frioul, Cadore, Bellune, Conegliano, Trévise, Feltre, Bassano, Vicence, Padoue, Rovigo ; toutes ces provinces furent dénommées grands fiefs de l'empire. Ce furent autant de titres qu'il donna à ses maréchaux ou ses généraux de prédilection.

Le capitaine Giraud était à Besançon, dans la famille de sa femme, pour y soigner sa blessure d'Elchingen, lorsqu'il apprit la concentration de la grande armée, au delà du Rhin, dans le but d'une invasion probable du territoire prussien. Sa première pensée, sitôt sa blessure cicatrisée, fut de rejoindre le 6ᵉ corps (Ney) auquel il appartenait toujours. Mais dans l'ignorance où il se trouve du lieu qu'il doit rallier, — car, à cette époque, les courriers mettaient moins de diligence qu'aujourd'hui, à faire parvenir en France, des nouvelles de l'étranger, et les transports étaient assez difficiles, — ne sachant où rallier le 69ᵉ, il laisse à Besançon ses gros bagages, son domestique et son cheval, voit le commandant Saint-Germain qui commande dans la place, le 6ᵉ bataillon du train, et s'entend avec lui, sur les moyens à employer pour se faire expédier ses gros bagages. Il est convenu que Giraud écrira là où ses bagages devront lui être expédiés; que le commandant Saint-Germain profitera à cet effet du premier détachement du train à destination de l'Allemagne, que son domestique muni de l'argent de poche nécessaire, suivra ce détachement avec le cheval dont il a la garde et la surveillance jusqu'à l'arrivée à destination.

Suivons maintenant les pérégrinations du capitaine Giraud, à travers l'Allemagne jusqu'à Iéna.

Strasbourg, le 25 janvier 1806.

La diligence qui fait le service de Besançon à Strasbourg a versé, au détour de la route ; c'est la faute au postillon qui a tourné trop court. Heureusement que la chaussée en cet endroit, n'était pas très élevée par rapport au terrain qui la bordait, sans cela, nous aurions fait une culbute qui aurait pu nous coûter cher. Une dame cependant a été relevée le crâne fendu et une contusion au bras droit. En ce qui me concerne, j'en ai été quitte pour une légère luxation de la cuisse droite. Cela ne pouvait pas être autrement, vu que les six voyageurs que contenait la diligence à l'intérieur sont tombés sur moi.

En arrivant à Strasbourg, j'ai donc dû garder la chambre pendant trois jours et n'ai pu m'occuper de mes affaires qu'aujourd'hui. Toute la journée j'ai parcouru les bureaux des autorités militaires de Strasbourg pour avoir des renseignements sur la position qu'occupe actuellement le corps du maréchal Ney, sous les ordres duquel se trouve mon régiment ; personne n'en a la moindre notion.

Le maréchal Kellermann, chez lequel je me suis présenté dans la matinée, n'en a lui-même aucune donnée. Je suis donc ici, dans la plus grande incertitude sur le lieu où je dois rejoindre mon bataillon, et sur la date de mon départ.

Le chef d'état-major de la 5ᵉ division militaire que j'ai vu ensuite croit que le 6ᵉ corps est en Italie. Mais pourquoi serait-il en Italie, quand je l'ai quitté en Allemagne, il y a deux mois? Il doit, en conséquence, me comprendre au nombre des officiers qui ont à conduire demain un convoi de conscrits dirigés sur Vérone, en motivant sur l'ordre de route que je rentrerais à ma compagnie, si je rencontrais mon régiment en route. Il n'est pas bien sûr pourtant que je sois de ce convoi ; il en référera au maréchal, et il m'engage à revenir ce soir à son bureau, vers dix heures, pour savoir d'une façon certaine ce que l'on fera de moi.

Ceci fait, j'eus l'idée de me rendre chez le commissaire des guerres, pour lui demander un collier [1], destiné à transporter mon porte-manteau dont j'étais embarrassé, surtout si je devais faire la route à pied, car mon cheval est resté à Besançon, sous la sauvegarde de mon domestique qui a l'ordre de me rejoindre, seulement lorsque je lui aurai indiqué ma destination.

— Quand partez-vous ? me demanda-t-il.
— Demain, répondis-je.
— Et pour aller où ?

---

1. Voiture à un cheval.

— En Allemagne, ou... en Italie... je ne sais au juste; je ne le saurai que ce soir.

— Dans ce cas, je ne puis rien pour vous, n'ayant rien à prescrire de l'autre côté du Rhin; mais je vous recommanderai.

Puis il se mit de suite à écrire. Je croyais qu'il s'occupait de ma lettre de recommandation et j'attendais. Pas du tout, il griffonnait des chiffres sur un brouillon de papier. Je pris alors congé de lui.

Le commissaire des guerres m'accompagna très poliment jusqu'à la porte de son cabinet, oubliant qu'il avait promis de me recommander à un de ses collègues.

Il va sans dire que je ne suis plus retourné à son bureau, lui ayant dit que je partais le lendemain.

Sa Majesté était ici le 22. La ville de Strasbourg lui a fait une magnifique réception. Le lendemain, S. M. a passé la revue des troupes, parcouru les différents quartiers de la ville et est partie ce matin, à neuf heures et demie pour Paris.

P. S. — Avant de mettre ma lettre à la poste, je suis allé ce soir, ainsi qu'on m'y avait invité, au bureau de l'état-major général. Je pars toujours demain, mais ce ne sera pas sur Vérone que je serai dirigé, mais bien sur Landau, pour de là gagner Luxembourg qui est le lieu de garnison du dépôt du 69e.

Luxembourg, le 6 février 1806.

Luxembourg est actuellement privé de toutes ses troupes. On a fait partir, il y a trois jours, pour Mayence, tout ce qu'il y avait de disponible. C'est là où l'armée dite du Nord, se concentre pour passer sur la rive droite du Rhin.

On ne sait que penser ici de tous ces mouvements de va-et-vient. Nous nous perdons en conjectures.

Mon bras me fait toujours souffrir, surtout par les temps de pluie et de mauvais temps. Les muscles du poignet sont toujours raides et ne laissent que peu d'espoir de guérison d'ici quelque temps. L'emploi de capitaine à la compagnie départementale du Doubs était vacante à mon départ de Besançon; si la gêne de mon bras continuait, peut-être me déciderais-je à établir un mémoire pour l'obtenir, me basant sur ce que ma blessure d'Elchingen me met hors d'état de servir activement.

Luxembourg, le 18 février 1806.

J'apprends que mon domestique a vendu le cheval, dont je lui avais confié la garde à Besançon. Comment cet homme a-t-il pu à ce point abuser de ma confiance ? Avant mon départ, je lui avais mis en poche l'argent nécessaire pour la nourriture de mon cheval, et faire sa route. Il aurait dû être ici le 13. Non seulement, il me vole, mais il me compromet en ne rejoignant pas le dépôt de mon régiment à la date que je lui ai fixée.

J'écris au capitaine de gendarmerie de Besançon pour faire arrêter Baptiste et le conduire ici, comme un fripon doublé d'un déserteur. Je doute qu'on retrouve l'acheteur qui aura certainement pris la poudre d'escampette, avant qu'on puisse mettre la main sur lui. C'est là pour moi, une perte sèche d'environ 1200 francs.

Toutes réflexions faites, j'abandonne l'idée de me faire admettre dans la compagnie départementale du Doubs. Les médecins me font espérer que les bains de Bourbonne me feront recouvrer la force du bras.

On me dit que le 6ᵉ corps a quitté Vienne le 29 décembre 1805, pour se diriger sur Klagenfurth. Les mouvements de nos armées du midi au nord et de l'est à l'ouest, ne me font pas bien augurer des suites de la campagne qui va s'ouvrir. Je crains bien qu'au moment où on s'y attendra le moins, on soit obligé de faire un mouvement rétrograde pour se porter sur quelque province turque.

Le général Loyson est remplacé par le général Marchand, à la tête de la 2ᵉ division du 6ᵉ corps.

Luxembourg, le 31 mars 1806.

N'ayant que très peu d'occupation ici, je lis volontiers les gazettes en désœuvré, plutôt qu'en politicien. Le *Moniteur* de l'Empire publie les promotions de la légion d'honneur. Ma surprise a été grande de ne pas me voir compris dans les récompenses accordées au régiment ; j'ai quatorze ans de service et autant de campagnes. On décore des jeunes gens, parce qu'ils sont près du soleil. Encore une injustice et un passe-droit à mon égard. Cela me pousse à la misanthropie.

Afin de faire valoir mes droits, j'ai écrit au commandant Magne, non pas pour intervenir en ma faveur auprès du colonel et implorer sa protection, mais pour lui mettre sous les yeux mes services de guerre [1]. J'ai l'âme trop élevée pour m'avilir au point de demander, comme une grâce, une récompense que j'ai la prétention d'avoir méritée.

Si je tente quelques démarches, ce sera à l'empe-

---

[1]. A cette date, Giraud avait treize campagnes à son actif : Italie, de 1792 à l'an v ; Egypte, ans vi et vii ; Syrie, ans viii et ix ; royaume de Naples, an xi ; côtes de l'Océan, an xiv. Napoléon, comme on le voit, introduisait le favoritisme et les nécessités de la politique même dans la distribution des récompenses honorifiques. C'est là un pouvoir discrétionnaire dont il a usé largement, pendant tout le cours de son règne.

reur que je m'adresserai dorénavant. Il est toujours bon de remonter à la source de toutes choses.

Luxembourg, le 26 mai 1806.

Je viens de recevoir la réponse du commandant Magne ; si je n'ai pas été compris dans les dernières récompenses de la légion d'honneur, c'est que le colonel n'avait été informé ni de ma blessure, ni de mon retour inopiné en France. Il paraît que j'ai eu le tort de ne pas l'en prévenir moi-même, comme si un officier blessé pouvait faire plusieurs lieues pour se mettre à la recherche de son chef de corps, sur un terrain effondré, sans savoir où le trouver ?... Alors, à quoi servent donc les états fournis par le service de santé, après chaque action de guerre ? En supposant que j'aie eu des torts, étaient-ils suffisants pour me priver d'une décoration à laquelle je crois avoir tous les droits ? Quand on veut se défaire de son chien, on dit qu'il est enragé.

Plus que jamais, je suis décidé à abandonner un métier ingrat, prendre ma retraite dès que je le pourrai et mettre ainsi un terme à toutes les injustices qui me sont faites.

Une décision du 26 mars 1806 donne le shako à toute l'infanterie, en remplacement du chapeau.

Les grenadiers conservent le bonnet à poil garni d'une plaque en cuivre, orné d'une guirlande blanche et surmonté d'un plumet rouge. Les habits sont un peu raccourcis pour la troupe. Les officiers conservent l'habit long. Les parements sont rouges à pattes blanches pour tout le monde : grenadiers, fusiliers et voltigeurs.

Pourquoi ces deux compagnies d'élite par bataillon, constituées l'une avec des hommes d'une grande taille, l'autre avec de petits hommes? Les soldats des compagnies du centre ne marchent-ils pas, ne combattent-ils pas, ne se font-ils pas tuer, aussi bien et aussi bravement que les hommes dits d'élite ?...

Augsbourg, le 1er juillet 1806.

Un détachement de troupes de toutes armes quittait Luxembourg le 21 juin dernier, escortant un convoi de capotes neuves et de souliers de rechange à destination de Mayence. J'ai suivi et me voici depuis hier, à Augsbourg où j'ai rallié le 69e qui occupe différents cantonnements, sur la rive gauche du Lech et aux environs de cette ville.

Une reine, qui est, — dit-on, — fort belle et très entreprenante, a revêtu l'uniforme des dragons prussiens, visite les troupes, prononce des discours et enflamme tous les cœurs. Si les femmes s'en mêlent, il y a encore de beaux jours pour la galanterie française.

On m'apprend que toutes les compagnies d'artillerie à pied, en ce moment à la grande armée vont être portées à 220 hommes.

Les deux compagnies du 1er à cheval qui forment le dépôt de Valence, et celles du 3e à cheval qui sont à Strasbourg, ont l'ordre de rallier Augsbourg. Si on en croit les bruits qui courent, la grande armée va être doublée de ce qu'elle était, avant son passage du Rhin, en 1805.

Pour venir de Besançon à Augsbourg les moyens de transport sont les suivants : 1° la diligence qui fait le service de Besançon à Strasbourg, 2° les voitures de réquisition ou les courriers de l'armée qui vont de Strasbourg au quartier général impérial.

Par le courrier, il en coûte vingt sols par lieue de France ; soit quarante sols par poste, ou quatre francs par poste d'Allemagne de quatre lieues.

Augsbourg, 12 août 1805.

Notre armée est maintenant parfaitement organisée et équipée. Tous les états de l'Allemagne qui ne sont pas nos alliés doivent trembler ; car seraient-ils tous coalisés et gouvernés par un seul homme pour agir avec ensemble, qu'ils ne pourraient nous résister. Nos ennemis n'auront jamais les jambes des Français et il est difficile de connaître les mouvements d'une armée qui se bat du matin au soir dans un endroit, le lendemain dans un autre, distant du précédent de quinze à dix-huit lieues.

Frédéric le Grand avait raison quand il disait qu'avec 50,000 *Français il ferait le tour du monde*.

Jamais notre armée n'a été plus nombreuse, mieux organisée et approvisionnée de tout.

Notre empereur est vraiment un homme extraordinaire.

Nous partons demain pour Wurtzbourg. Je suis parfaitement outillé pour voir les Prussiens face à face, et faire campagne, pendant un hiver rigoureux. J'ai acheté un nouveau cheval ; je possède cinq louis dans ma poche, et à la fin du mois, il me sera dû onze cents francs.

Tous les bureaux de poste sont fermés sur la ligne que l'armée va suivre.

Les fortifications de certaines places fortes qui avaient été démolies, en exécution du traité de Presbourg sont relevées, et en avant se tient un cordon de vedettes qui ne permet pas d'en approcher.

Il paraît que la forteresse de Braunau restera à la Bavière, en indemnité de tout ce que nous lui dépensons pour la nourriture de la grande armée. Le frère du maréchal Berthier est passé à Augsbourg ces jours derniers, se rendant à Vienne, pour imposer à l'empereur d'Autriche certaines conditions de paix qui doivent décider de la reprise des hostilités.

Le général Loyson sous les ordres duquel se trouve le 69ᵉ a eu dernièrement une main emportée en chassant la grosse bête dans les montagnes de la Souabe.

Maître absolu de la France et de l'Italie, comme Empereur et Roi, Napoléon l'était encore de l'Espagne, par la subordination de cette cour ; de Naples et de la Hollande par ses deux frères, Joseph et Louis ; de la Suisse par l'acte de médiation ; il disposait en Allemagne des rois de Bavière, de Wurtemberg et de la confédération du Rhin, contre l'Autriche et la Prusse. — Il aurait pu, après la paix d'Amiens, en maintenant la liberté, se faire le protecteur de la France et le modérateur de l'Europe. Il aima mieux chercher la gloire dans la domination et sa vie dans les conquêtes, se condamnant à une longue lutte qui devait fatalement finir par la dépendance du continent, ou par sa propre ruine.

Cette marche envahissante du vainqueur d'Austerlitz occasionna la quatrième coalition. La Prusse demeurée neutre depuis la paix de Bâle avait été sur le point de se réunir aux confédérés pendant la dernière campagne. La rapidité des succès de l'Empereur l'avait seule retenue; mais effrayée, cette fois, de l'accroissement de l'empire français, et encouragée par le bel état de ses troupes, elle se ligua avec la Russie pour chasser les Français de l'Allemagne. Le cabinet de Berlin exigea le départ immédiat de nos troupes, l'évacuation des garnisons qu'elles occupaient encore au delà du Rhin; forma dans le nord de l'Allemagne une ligue contre la confédération du midi. Napoléon qui était alors à l'apogée de sa prospérité et qui se sentait soutenu par la nation, ne se soumit pas à cet *ultimatum* et marcha contre la Prusse.

« *Soldats,* — dit l'Empereur à son armée, *la même faction, le même esprit de vertige qui, à la faveur de nos dissensions intestines, conduisit, il y a quatorze ans, les Prussiens au milieu des plaines de la Champagne, domine aujourd'hui dans les conseils... Ils veulent que nous évacuions l'Allemagne, à l'aspect de leur armée. Les insensés! Qu'ils sachent donc bien qu'il serait mille fois plus facile de détruire la grande capitale que de flétrir l'honneur des enfants d'un grand peuple.* »

Les Prussiens envahirent la Saxe, comme les Autrichiens avaient envahi la Bohême, en 1805.

L'électeur protesta vainement qu'il voulait garder la neutralité; il fut obligé de livrer son armée.

L'électeur de Hesse, un des instigateurs de cette guerre, fournit 12,000 hommes et le prince de Fulde-Orange se joignit aux Prussiens. Le duc de Brunswick, si connu par l'insolent manifeste de 1792 et par la bataille de Valmy, reçut le commandement général de l'armée. Elle s'élevait à 200,000 hommes; sa tenue était magnifique; les officiers pleins d'une folle jactance, se croyaient assurés de vaincre et d'arriver à Paris. La présence du roi augmentait encore la confiance et l'enthousiasme de ces Germains présomptueux et pervers.

Napoléon dirigea sur le Mein, les six corps d'armée qu'il avait laissés en Allemagne, après la paix de Presbourg; la confédération du Rhin fournit ses contingents; la garde impériale partit en poste de Paris et l'empereur qui avait passé le Rhin le 1er octobre était le 7 à Bamberg où il concentra son armée.

Ferdinand de Brunswick se dirigea par Eisenach, sur le Mein, avec l'intention de couper en deux l'armée française. Mais, pendant que les Prussiens s'avançaient à travers la Thuringe, Napoléon se préparant à renouveler la manœuvre de Marengo et d'Ulm, confiait aux rois de Bavière, de Wurtemberg et de Hollande, le soin de garder ses communications avec la France. Il porta son armée à travers le Francken-Wald, sur les communications de l'ennemi qu'il coupa de Berlin. Cette habile manœuvre remplit de trouble les généraux prussiens. Leur gauche était tournée; la Saxe envahie; et les Français, vainqueurs du prince Louis de Prusse au combat de Saalfeld, se trouvaient au centre de leurs communications. Brunswick comprenant le danger de cette situation se hâta de rétrograder. Couvert par les escarpements de la Saale, il tenta vainement de réparer sa faute et d'arriver sur l'Elbe avant l'armée française.

« *Soldats,* — s'écrie Napoléon, — *l'armée prussienne est coupée, comme celle de Mack à Ulm, il y a aujourd'hui un an.* — *Les Prussiens vont combattre pour se faire jour et regagner leurs communications.* — *Tout corps de l'armée française qui se laisserait percer par les Prussiens, serait perdu d'honneur.* »

L'armée prussienne était divisée en deux grandes masses; l'une commandée par Hohenlohe, l'autre par Brunswick et le roi de Prusse, lorsqu'une double bataille s'engagea, le 14 octobre 1806, à Iéna et à Auerstadt.

☙ ❦ ☙

Le 69ᵉ de ligne n'avait à Iéna que ses quatre compagnies d'élite. Le capitaine Giraud était en réserve avec le reste de son régiment; mais un de ses camarades, le capitaine Maine de Fezensac, détaché du 4ᵉ de ligne pour faire partie de l'état-major du maréchal Ney, va nous initier au début de cette bataille qui a eu pour résultat l'effondrement de la monarchie prussienne.

C'était le 6 octobre 1806, en arrivant à Bayreuth.

« Le même soir, — dit ce jeune officier dans ses mémoires, — je me mis en route pour le château de Nüremberg, quartier général du maréchal Ney. L'accueil fut glacial. A l'état-major, on ne s'informa pas même si j'étais muni de l'attirail nécessaire pour mener à bien mon nouveau service, essentiellement différent de celui d'un officier de troupe: Celui-ci dirige les soldats dans les marches, dans les camps, dans les combats; mais il ne sait pourquoi son régiment marche; pourquoi l'ordre qu'il reçoit ne doit être exécuté qu'à moitié, dans telle ou telle circonstance; il a de la peine à saisir le moment où il doit prendre sur lui, le moment d'agir de son initiative privée. Celui-là, au contraire, doit comprendre la portée des ordres qu'il est chargé de transmettre; vivant avec les généraux, il y apprend à atténuer la sévérité d'un reproche, à modifier un ordre inexécutable sur le terrain où la lutte doit s'engager; mais il ignore à son tour les détails intérieurs d'un régiment et la partie morale si importante dans une armée qu'il faut faire agir à la volonté d'un chef quelquefois capricieux, toujours désireux de tenir la tête, parmi les plus braves de ses soldats.

» Le 6° corps était en marche sur Géra. Son avant-garde se composait du 25° léger, de deux bataillons d'élite formés des grenadiers et voltigeurs des régiments entrant dans la composition des divisions Marchand et Bisson; des 10° chasseurs à cheval et 3° hussards, de quelques pièces d'artillerie légère; le tout sous les ordres du général Colbert. Nous suivions le 4° corps, formant avec le 6° l'aile droite de la grande armée.

» Le 10, nous étions à Hoff, sur la Saale, première ville de la Saxe. A peine arrivé, le 6° corps reçut l'ordre de prendre la direction de Schleitz, où il arrivait le 11 au soir. A Schleitz la route se partage : celle de droite conduit à Leipsick, par Géra, celle de gauche à Weimar, par Iéna. Nous devions suivre la direction de droite et déjà le général Colbert, avec son avant-garde, était établi en avant près d'un village qui conduit à Auma, route de Géra.

« Se figure-t-on quelle était la situation d'un officier d'ordonnance faisant cortège au brillant état-major du maréchal Ney? Jamais on ne nous parlait de la situation des troupes en tant que dispositif de l'ordre de bataille; on ne nous communiquait aucun ordre de mouvement, aucun rapport. Il fallait *se débrouiller* comme on pouvait, s'informer de ce qui avait été fait, et dire que nous étions responsables de l'exécution des ordres. Dans les marches, le maréchal Ney nous tenait à une grande distance de lui, ne nous adressant jamais la parole, sans une nécessité absolue. Au bivouac, l'aide-de-camp du jour n'entrait jamais sous sa tente que pour affaire de service, ou quand il était appelé, et c'était une chose très rare que de voir le maréchal causer à un d'entre nous. Il mangeait seul, n'invitait à sa table aucun de ses aides-de-camp.

» Le 13 octobre, nous étions en marche; le maréchal impatient d'apprendre des nouvelles de l'ennemi, avait devancé son avant-garde que les divisions Marchand et Marcognet suivaient à une assez grande distance. Dans un petit village situé à deux lieues de Roda, il reçut la lettre suivante du major-général :

« Au bivouac devant Iéna, le 13 octobre,
» à quatre heures du soir.

» L'ennemi a réuni ses forces entre Iéna et Wei-
» mar; faites porter ce soir votre corps d'armée en
» avant de Roda, le plus près possible d'Iéna, afin
» d'y arriver demain matin. Tâchez vous-même de
» venir à Iéna ce soir, pour prendre part à la re-
» connaissance que l'Empereur fera dans la nuit
» du côté de l'ennemi. Je compte sur votre zèle.

» Le prince de Neufchâtel,
» Alexandre BERTHIER. »

» Le maréchal envoya des copies de cette lettre aux généraux Marchand, Marcognet et Colbert, et partit sur-le-champ avec deux officiers d'ordonnance pourvus d'assez bons chevaux pour le suivre.

» Le capitaine Bourgogne détaché du 59ᵉ comme officier d'ordonnance du maréchal Ney remit au général Colbert à son passage à Roda, la copie qui lui était destinée. Le capitaine de Saint-Simon se chargea de celle destinée au général Marchand, et moi de celle du général Marcognet.

» Où devais-je aller au milieu de la nuit, dans un moment où tout avait une si grande importance ? Le chef d'état-major, en me confiant cet ordre de mouvement, ne s'informa même pas si je comprenais mon nouveau service et si je possédais un cheval en état de supporter les fatigues qu'on allait lui imposer; *Allez,* — me dit-il, — *faites vite et revenez plus rapidement encore.* On m'avait simplement indiqué un village dans la direction de Schleitz. Je n'y trouvai que des cendres et des ruines. Heureusement que je rencontrai sur ma route un cavalier d'ordonnance qui avait précisément à porter une dépêche au général Marcognet, et qui savait où il était. Je le suivis et je pus dès lors remplir ma mission sans trop d'encombre.

» Deux heures après, je rentrais à Roda, où j'apprenais que mon camarade de Saint-Simon, moins heureux que moi, venait de rejoindre avec deux blessures reçues en se défendant contre un escadron prussien qui lui barrait la route. Les officiers d'ordonnance et aides-de-camp du maréchal Ney couchèrent à Roda; le lendemain 14, ils étaient à cheval à l'entrée du village, à deux heures du matin, se mettant vainement à la recherche du maréchal qui, lui, avait pris les devants avec son avant-garde pour la disposer sur les hauteurs entre le 5ᵉ corps à droite (Lannes) et le 4ᵉ à gauche (Augereau).

» C'était le moment où le général de Hohenlohe avec toutes ses troupes débouchait dans la plaine. Le maréchal le fit attaquer par son avant-garde vers dix heures du matin, avant même d'en avoir reçu l'ordre de l'empereur. Le 25ᵉ léger était à gauche, le bataillon de grenadiers et celui de voltigeurs occupaient la droite; puis un peu en arrière et sur la gauche se trouvaient rangés, en colonne par escadron le 10ᵉ chasseurs à cheval et le 3ᵉ hussards. Ces troupes représentaient un effectif de 4,000 hommes environ; elles firent des prodiges de valeur.

» Le maréchal fit d'abord charger par sa cavalerie les batteries ennemies déployées devant la position qu'il occupait. Il fallait monter pour atteindre le terrain plat sur lequel se déployait la batterie ennemie. Le 10ᵉ chasseurs en colonne par escadron, longea la gauche d'un bois taillis, puis arrivé à hauteur des batteries, se rabattit à droite, tomba sur les pièces et s'empara de treize canons. Mais désuni par la charge et par le succès même, il va être à son tour sabré par les cuirassiers de Hoenkel, les dragons de Prittwitz et les dragons saxons; le 3ᵉ hussards changeant de direction à droite se jette sur le flanc de la cavalerie ennemie et l'arrête. Pendant ce temps-là, les grenadiers et voltigeurs ont formé deux carrés, pour protéger le ralliement des 10ᵉ chasseurs à cheval et 3ᵉ hussards. Les cuirassiers de Hoenkel arrivent sur eux. Les carrés immobiles les laissent approcher et ouvrent le feu à vingt pas. La cavalerie ennemie est décimée.

» Jamais le maréchal ne s'exposa aussi témérairement que dans cette journée ; deux de ses officiers d'ordonnance furent blessés à ses côtés ; et c'est miracle si nous n'avons pas tous été tués par le feu des tirailleurs, au milieu duquel nous nous trouvions pour suivre le maréchal qui dirigeait tout, comme l'aurait fait un caporal de voltigeurs. Mais bientôt nous fûmes soutenus par le maréchal Lannes, appuyés à droite par le maréchal Soult, à gauche par le général Augereau. L'armée prussienne commença à fléchir.

» Napoléon ordonna alors une attaque générale sur toute la ligne soutenue par la garde impériale. Des charges à outrance combinées avec la marche de notre infanterie victorieuse achevèrent de porter le désordre dans les rangs de l'ennemi qui se mit à fuir à la débandade. Le corps du général Rüchel arrivé de Weimar un peu tard dans la journée fut entraîné comme le reste; deux brigades saxonnes mirent bas les armes. La victoire était à nous.

» Cinquante mille Français avaient combattu contre soixante-dix mille Prussiens, deux cents pièces de canon furent le prix de cette bataille d'Iéna, dans laquelle plus de la moitié de l'armée française n'avait pas même été engagée.

» Le prince Murat arriva le même soir à Weimar pêle-mêle avec les fuyards de l'ennemi. Il logea au palais grand ducal, dans les appartements voisins qu'occupait encore la grande duchesse. Le maréchal Ney l'y suivit de près, mais conservant une certaine antipathie contre Murat, dont la qualité de prince l'offusquait [1], il se logea dans une auberge, à l'extrémité de la ville, bien qu'il y eût place pour tout l'état-major du 6ᵉ corps, dans les vastes bâtiments du palais grand ducal.

» Montés à cheval à Roda, vers deux heures du matin, nous ne pûmes en descendre qu'à Weimar, à sept heures du soir. Très fatigué, presque endormi, et sentant presque à peine le besoin de manger, je

---

1. Nous verrons plus loin, pendant la campagne d'Espagne, la même antipathie régner entre Ney et le prince d'Essling (Masséna).

me couchai sur une planche et ne me réveillai que le lendemain, à midi.

» Les deux divisions du 6ᵉ corps n'arrivèrent à Weimar que pendant la nuit, ayant fait plus de quinze lieues depuis leur dernier campement. Les soldats étaient tellement fatigués qu'il fallut une demi-heure aux officiers, pour les décider à aller aux vivres et à allumer leur feu. »

III

APRÈS IÉNA

Citons maintenant quelques extraits des lettres du capitaine Marion, beau-frère de Giraud.

Berlin, le 25 octobre 1806.

Le magnifique triomphe d'Iéna et d'Auerstadt a été couronné par le combat et la prise de Halle (18 octobre). Les débris de l'armée prussienne battent en retraite sur Magdebourg. La campagne ne peut plus durer. L'armée prussienne est en pleine déroute. De tous les généraux prussiens il n'en reste plus qu'un, Würmser, que le général français Klein aurait pu prendre dernièrement, s'il avait eu un tant soit peu d'audace.

Le roi a perdu la tête ; s'il ne peut trouver d'assez bons chevaux pour se sauver, nous sommes maîtres de lui, comme de son armée. Je ne sais comment il se tirera de l'impasse dans laquelle il s'est mis.

En ce moment, nous ne savons plus où est l'armée prussienne ; elle est tellement détruite que pour trouver le peu qu'il en reste, on est obligé de la traquer, comme autrefois, les loups en France. Dernièrement, trois traînards français ont fait prisonnier tout un escadron prussien. Sept à huit cents hommes d'artillerie, ayant avec eux une soixantaine de canons, et des caissons à proportion, ont capitulé à huit lieues de distance de nous. Les places fortes se rendent sans tirer un coup de canon, et cela, parce que les officiers qui ont chacun leur ménage et des bagages considérables craignent une résistance qui entraînerait certainement la perte de leurs effets.

Autant Berlin est beau à l'intérieur, autant les environs à dix lieues à la ronde sont laids, affreux et arides. Il n'existe pas une seule grande route passable. Il est beaucoup plus agréable de marcher à travers champs ou sous bois que sur des chemins frayés. Les terres qui sont de sable et dans lesquelles on enfonce jusqu'aux genoux, ne sont cultivées qu'une seule fois tous les cinq ou six ans.

Le pain de ce pays est très mauvais. Nos chevaux n'ont pour toute nourriture que des joncs et de la paille hachée. L'avoine est très rare; plus nous avancerons, moins nous en trouverons.

Vienne est certainement préférable à Berlin. Dans la capitale de l'Allemagne du nord, on trouve trop de pipes et on boit trop de bière. Mon hôte est un singulier personnage : il veut à toute force me fourrer dans les poches, ses pipes de porcelaine, et me faire boire de son vin de Franconie et du Rhin : le *Hoctheimar* et le *Steinwein*. La bière est soporifique; elle alourdit, ce qui fait que l'Allemand se répand peu à l'extérieur; il s'enferme, médite dans le silence et la solitude du foyer. On ne peut se faire une idée de ce qu'il y a de vanterie, au fond de la simplicité allemande. Les Germains et les Souabes en particulier ont un caractère à part. La guerre terminée, la volée reçue, leurs parents tués, leurs canons pris, leur pays rançonné, ils ne voient dans leur défaite qu'un moyen d'assurer celle de leurs ennemis. Dans les brasseries, ils sont nombreux ceux qui font des politesses à nos soldats. Les tables disparaissent sous les coudes des buveurs et les fioles alignées. Une fumée intense s'échappe en blanches spirales de centaines de pipes monstrueuses, laissant à peine apercevoir les plantureuses *Gretchen* aux longues nattes, au corsage évasé, aux jupes courtes, aux joues rouges qui servent les consommateurs.

Là, Français et Allemands se saluent à distance. On s'interpelle. De temps en temps, un bras s'élève au-dessus de l'horizon, puis un cri d'enthousiasme, en l'honneur du drapeau s'échappe de la poitrine de quelque puissant officier de cavalerie allemand, gris à tomber sous la table après cet exploit.

Les Allemands, qu'ils soient des bords de la Sprée ou du plateau du Hocwald, ont de commun la vanité, la susceptibilité, la gourmandise; comme accessoire, un entraînement fatal vers la bière et le tabac.

Nos soldats ont une manière à eux de se faire régaler par ces placides Germains, aux formes communes et carrées. Ils logeaient plusieurs ensemble; l'un d'eux faisait le tapage, jurait, tempêtait, tirait son coupe-choux et menaçait de tout briser. Le maître ou la maîtresse de la maison arrivait : un loustic prenait alors la parole dans un jargon moitié allemand moitié français et faisait comprendre que le tapageur dont on avait à se plaindre était le meilleur garçon du monde, si on savait le prendre en lui servent de bons plats à dîner, et une bonne bière à déguster. Aussitôt une *gretchen* quelconque se présentait, le sourire sur les lèvres, leur offrait ce qu'il y avait de mieux dans la maison : viande aux confitures, compote de fruits, salade macérée dans le vinaigre.

Les Romains donnaient la robe virile aux centurions ; les Prussiens leur donnent la pipe. Partagez leur goût ; fumez, buvez de la bière comme eux, ils vous aimeront.

Du bivouac devant Magdebourg, le 9 novembre 1806.

Depuis que nous sommes devant cette place, nous n'avons pas pu dormir une seule nuit tranquilles. Le service de garde qui alterne avec le service de tranchée et la construction des ouvrages extérieurs, nous ont pris tout notre temps. Si ce service eût duré longtemps, nous aurions fini par tomber tous malades. Mais depuis hier matin, la canonnade a cessé et on travaille maintenant aux articles de la capitulation. Le 11 de ce mois, à onze heures du matin, les Prussiens sortiront de la place, nous livreront la ville, les forts et tous les approvisionnements qui s'y trouvent. Ceux-ci sont considérables. Un grand nombre de barques chargées de marchandises anglaises, et qui remontaient l'Elbe pour se rendre à la foire de Leipsick, ont été obligées de rester à Magdebourg et sont tombées entre nos mains. On évalue ces marchandises à plus de dix millions.

La prise de Magdebourg n'a coûté à notre armée qu'une cinquantaine de bombes et quatre canonniers qui se sont rôtis en préparant de la roche à feu.

Le peu de résistance des Prussiens est inconcevable, si on compare ce qu'ils sont aujourd'hui, à leur jactance la veille d'Iéna, bataille tout aussi mémorable que celles d'Austerlitz et de Marengo.

Les gazettes et l'histoire ne pourront jamais raconter d'une façon judicieuse nos campagnes de cette année ; c'est à n'y pas croire, tellement elles sont extraordinaires, même pour ceux qui en ont été les témoins.

Maintenant, c'est fini ; il n'y a plus d'armée prussienne. Les 20,000 hommes qui restent encore ne sont plus que des débris ou des invalides qu'un souffle jettera à terre, lorsque nous serons arrivés en vue des deux ou trois places fortes de la Silésie qui les renferment.

Du Rhin à la Baltique, tout le pays est au pouvoir de l'empereur Napoléon ou de ses alliés. Jérôme Bonaparte est chargé de soumettre les places de la Silésie, tandis que l'empereur s'occupe d'achever la conquête de la monarchie prussienne pour se porter au devant des Russes.

« *Soldats*, — nous avait dit Napoléon au début

de la campagne, — une des premières puissances militaires qui osa naguère nous proposer une honteuse capitulation est anéantie. — Les forêts, les défilés de

Eux et nous ne sommes-nous pas les soldats d'Austerlitz?
P. 130.

la Franconie, la Saale, l'Elbe que nos pères n'eussent pas traversés en sept ans, nous les avons traversés en sept jours; nous avons précédé à Berlin la renommée de nos victoires... Les Russes se vantent de venir à nous; soldats, il faut leur épargner la moitié du che-

min... Qui leur donnerait le droit de renverser nos justes desseins?... Eux et nous ne sommes-nous pas les soldats d'Austerlitz?... »

Kustein, le 28 novembre 1806.

Me voici enfin, sur la route de Pologne et conséquemment, sur celle de Russie. Demain, nous partons pour Posen, en six jours. On dit que nous n'y ferons que passer, pour nous diriger de là sur Varsovie, ou Warschau.

Le temps est très mauvais. La saison des froids approche. Nous nous attendons à une campagne très pénible.

Posen, le 1er décembre 1806.

A peine arrivé il me faut partir pour Glogau et de là pour Breslau.

Nous avons l'ordre de brûler la ville si elle ne se rend pas, dès la première sommation du général Pernetty qui va commander l'artillerie de siège.

Sous Breslau, le 21 décembre 1806.

Depuis trois semaines, je n'ai pas eu une nuit de repos; je suis resté cinq jours de suite, sans entrer dans une chambre, sans me coucher et sans même m'asseoir. Si nous avions eu des Français au lieu d'alliés, pour faire les sièges de Silésie, nous prenions d'assaut la forteresse de Breslau, pendant la nuit dernière. Nous avions déjà traversé les fossés pleins d'eau de dix toises de large sur quinze pieds de hauteur, lorsque l'assiégé s'est aperçu que nous allions l'assaillir. Il a fallu rétrograder. Mais nos batteries sont à soixante toises des remparts de la place; les tranchées bordent le chemin couvert, il est impossible d'être plus près de la ville que nous ne le sommes.

Comme les froids sont très vifs dans ce pays, nous attendons deux jours de gelée, pour prendre Breslau. La glace vaudra mieux que les radeaux que nous avions établis, pour franchir les fossés, la nuit dernière.

Breslau, le 5 janvier 1807.

Breslau a enfin capitulé, nous y entrons aujourd'hui, 5 janvier. Nous sommes si peu de Français dans l'armée de nos alliés, en Silésie, que les camarades nous regardent comme perdus. L'avenir est au canon.

Nous avons encore six sièges à faire, savoir :

Schweidnitz, sur la Weistritz ;

Brieg, sur l'Oder ;
Glatz, sur la Neisse ;
Neisse, sur la Neisse.
Silbelberg, à la source du Baussbach ;
Kosel, sur l'Oder.

S'ils sont aussi pénibles que celui qui vient de finir, nous ne sommes pas au bout de nos peines.

Breslau, le 27 février 1807.

A peine entré à Breslau et avoir mis un peu d'ordre dans le matériel tombé en notre possession, il a fallu en partir le 10 janvier, pour suivre l'artillerie de siège groupée devant Schweidnitz, sous les ordres du général Vandamme. Cette forteresse a capitulé après sept jours de siège.

Les gazettes se sont trompées, en ce qui concerne la relation publiée sur le siège de Breslau. D'abord nous avons cheminé pendant un mois sur le bastion attaqué, à l'aide de tranchées et de boyaux de communication, dans lesquels nous avons beaucoup souffert et perdu pas mal de monde. Cette relation insérée dans le *Moniteur* est très incomplète et inexacte en plusieurs endroits. Celui qui l'a rédigée met sur le compte d'un officier en état d'ivresse, la non réussite de notre attaque du 24 décembre. C'est faux. Il y avait bien un officier ivre, dans le détachement monté sur le radeau destiné à franchir le fossé ; mais ce n'est pas sa faute, si nous ne sommes pas entrés dans la place ce jour-là. C'est celle du colonel A... qui, n'ayant pas osé reconnaître suffisamment la largeur des fossés, avait fait construire un radeau trop étroit de moitié. En second lieu, son radeau était si mal compris que personne n'osait se hasarder dessus.

C'est cette faute que paie par sa disgrâce un malheureux lieutenant du 6e régiment d'artillerie à pied.

Avant de rentrer à Breslau, le général Pernetty a fait démolir et sauter les fortifications de Schweidnitz, qui sont des chefs-d'œuvre d'art. Quel dommage! De si beaux ouvrages!... Il faudra des millions pour les réparer plus tard.

Presque tous nos courriers sont arrêtés par des corps de partisans qui opèrent sur les derrières de notre armée.

Tout annonce qu'une grande bataille va se livrer incessamment. Ces satanés Russes sont revêches, et le roi de Prusse à qui l'on a offert la paix plus de vingt fois, entend ne traiter avec nous qu'en vainqueur.

Qui vivra, verra.

Ce qui me fait supposer qu'une bataille décisive n'est pas loin, c'est que sur six sièges que nous devions faire en Silésie, deux de ceux-ci, commencés et déjà très avancés, ont été levés.

Sa Majesté l'empereur est on ne peut plus content de son artillerie. Dernièrement, il disait devant moi, au général Gassendi : « Décidément l'artil-
» lerie est toujours le 1ᵉʳ corps de France; c'est le
» seul où il n'y ait pas de *canailles*. » Et par ce mot *canailles,* Sa Majesté qualifiait les mauvais soldats qui fuient devant l'ennemi, au lieu de se grouper dans un effort commun.

IV

EN POLOGNE (1807)

Dieu est trop haut, disaient autrefois les Polonais; il ne peut nous entendre; les Français sont trop loin; ils ne peuvent venir à notre secours!... Eh bien, ces frères, ces libérateurs qu'ils attendaient depuis si longtemps, ils allaient arriver au milieu d'eux!

Dombrowski, Zayouscheck et les autres proscrits qui combattaient dans nos rangs depuis quinze ans, prirent les devants pour aller annoncer à leurs compatriotes, l'arrivée des vainqueurs des Autrichiens, des Russes et des Prussiens, répétant partout que Napoléon avait dit : « *La France n'a jamais reconnu les partages de la Pologne ; que les Polonais s'arment et prouvent au monde qu'ils sont encore une nation.* »

A la vue de notre glorieux drapeau et de nos invincibles soldats, la joie des Polonais devint du délire. — Si Napoléon, au lieu de songer à dominer le continent pour en exclure les Anglais, eût pris le parti de reconstituer le royaume de Pologne, la France serait peut-être encore aujourd'hui ce qu'elle était après le traité de Presbourg et le vainqueur d'Austerlitz et d'Iéna ne serait pas mort sur le rocher de Sainte-Hélène.

80,000 Russes et 15,000 Prussiens occupaient Varsovie, afin de couvrir Kœnigsberg et Grodno. — A l'approche des Français, Kaminski évacua Varsovie et se retira sur la rive droite de la Vistule. L'armée française était forte de 180,000 hommes ; mais elle n'était pas toute réunie. — Les troupes de la confédération du Rhin gardaient la Prusse ; Jérôme était en Silésie ; Mortier gardait les côtes de la mer d'Allemagne et de la Baltique, depuis l'embouchure du Weser jusqu'à celle de l'Oder et devait chasser les Suédois de la Poméranie ; le maréchal Lefèvre assiégait Dantzig et les autres places de la Vistule.

Murat, Davoust et Lannes qui formaient l'aile droite de la grande armée entrèrent à Varsovie, où ils furent reçus comme des frères et des libérateurs ; ils allèrent s'établir sur le Bug. Le centre passa le fleuve à Modlin et la gauche formée des corps Ney et Bernadotte s'empara de Thorn et d'Elbing.

Les Français livrèrent dans ces parages, une série de combats dont le plus important fut celui de Pultusk. Ces différentes affaires coûtèrent aux Russes, 10,000 hommes et 80 pièces d'artillerie. Mais le mauvais état des routes et la fatigue des soldats déterminèrent Napoléon à prendre ses quartiers d'hiver.

Beningsen, un des assassins de Paul Ier, avait reçu le commandement de l'armée russe ; son plan était de percer entre Ney et Bernadotte, d'acculer Ney à la mer, de franchir la Vistule, de faire lever le siège de Dantzig, et de nous forcer à abandonner la Pologne, en reportant la guerre dans le Brandebourg. Beningsen allait recevoir le châtiment de sa témérité, lorsqu'une lettre de Napoléon interceptée par ses émissaires, lui fit connaître qu'il allait être coupé. Il se tira de ce mauvais pas avec habileté et résolution.

Napoléon se mit à sa poursuite et menaça Kœnigsberg.

Beningsen s'arrêta à Eylau, et y livra bataille pour couvrir la Prusse (8 février 1807). Les Français conquirent le champ de bataille ; ce fut là tout le résultat de cette sanglante victoire.

« *Qu'on se figure,* — disait le 25ᵉ Bulletin de la Grande Armée, — *sur un espace d'une lieue carrée, neuf à dix mille cadavres, quatre à cinq mille chevaux tués; des lignes de sacs russes, des débris de fusils et de sabres; la terre couverte de boulets, d'obus, de munitions, de vingt-quatre pièces de canon auprès desquelles on voyait les cadavres des conducteurs tués au moment où ils faisaient effort pour les enlever; et tout cela mis en relief, par la neige dont la terre était couverte.* »

Napoléon replaça son armée dans ses cantonnements, tandis que Jérôme et Vandamme achevaient la conquête de la Silésie ; que Mortier battait les Suédois en Poméranie et que le maréchal Lefèvre obligeait Dantzig à lui ouvrir ses portes.

Ici reprenons l'historique de la campagne, d'après le Journal de marche de Giraud.

Ottestein, le 2 mars 1807.

Nous avons franchi l'Oder le 1ᵉʳ décembre et nous voici en Pologne. Quel pays! La misère y coudoie le luxe le plus opulent. A notre approche, le son d'une cloche se fait entendre; les habitants courent se terrer dans les bois. Le village dans lequel nous sommes aujourd'hui est d'une saleté repoussante.

Depuis plus de deux mois, nous faisons des marches forcées dans des chemins boueux, sur un terrain marécageux que les convois de l'artillerie et des bagages de l'armée, ont défoncé. La plus mauvaise nuit fut celle qui précéda le combat de Mohrungen. Un vent des plus violents nous fouettait le visage; une pluie mêlée de grêle tombait par paquets. Nous avons fait seize lieues cette nuit-là, accablés par la fatigue, la faim et le sommeil.

Le jour de la prise de Magdebourg, le capitaine Marion m'a présenté au général Pernetty, dont il est l'aide de camp. Il désirait voir aussi mon colonel; le temps et ses occupations l'en ont seuls empêché. Cette entrevue ne m'aurait pas été inutile; dans les circonstances présentes, elle aurait pu me valoir une proposition à l'avancement. On n'en donne pas beaucoup dans ce moment-ci.

Est-il bien nécessaire que je fasse l'historique des affaires que nous avons eues avec l'ennemi depuis notre passage de l'Oder? Les gazettes ont dit mieux que je ne saurais le dire. Néanmoins voici ce qu'il faut retenir de la campagne de cette année. Dès le mois d'août 1806, la rupture avec la Prusse était inévitable : mais l'empereur ne reçut l'ultimatum de cette puissance que le 7 octobre. Le 25 décembre, notre brigade (69° et 76°) combattait à

Soldau, centre de la position occupée par le général autrichien Lestocq. Cette petite ville couverte par un marais impraticable que l'on traverse par une digue longue et étroite de sept à huit cents toises, était défendu par 14,000 ennemis. La ville fut occupée par nous, à trois heures du matin, et j'eus l'honneur de m'emparer d'un drapeau pris à l'ennemi, pendant la poursuite de ma compagnie.

La défaite de Lestocq a été complète. Les 69° et 76° se mirent à la poursuite des fuyards qui furent conduits l'épée dans les reins jusqu'à Mohrungen.

Le 6 février, mon régiment était à Liebstadt; le lendemain, il reprenait sa marche en se dirigeant sur Kreutzbourg à la poursuite des Prussiens, couchait le 7 à Landeberg et arrivait trop tard le 8, pour prendre part à la mémorable bataille d'Eylau. Le général Marchand ne put mettre en ligne que sa 1re brigade (6e léger et 39e de ligne) et seulement à la chute du jour.

Depuis que je fais la guerre, je n'ai pas encore vu d'affaire aussi chaude que celle du 8. Les Russes ont perdu environ 20,000 hommes, dont 15,000 restés sur le champ de bataille. Nos pertes ont été également très conséquentes. Sur un espace d'une lieue, le terrain était jonché de morts; la terre qui était couverte de neige avait changé sa couleur en rouge. Hélas! si le sang de tant de braves versé pour une cause qui n'est pas la leur, pouvait inspirer aux souverains qui se font la guerre, le désir de faire la paix pour mettre fin à de si grandes calamités!

La poste est interceptée depuis quelques jours. J'en attribue la cause au mouvement rétrograde occasionné par la concentration de notre armée.

Le 20 du mois précédent, la grande armée a quitté les positions qu'elle occupait autour de Kœnigsberg. Le manque de vivres qui s'y est fait sentir dans la région, en paraît être le seul motif.

On dit que nous allons prendre nos quartiers d'hiver sur les bords de la Vistule. Nous en avons tous un bien grand besoin; le 21 janvier dernier, je ne me suis déshabillé que pour changer de chemise. Je suis à bout de force. Si la guerre devait continuer ainsi longtemps encore, je demanderais ma mise à la retraite, je ne voudrais pas me retirer cependant, sans avoir *l'aigle de la légion d'honneur*.

Schweidnitz, le 8 mars 1807.

On ne sait que croire de toutes les nouvelles qui se débitent ici. Les unes sont à la paix et disent que c'est pour cela que nous évacuons la Silésie; les autres sont à la guerre et assurent que le roi de Prusse, n'ayant pas voulu la paix, l'empereur de France cède à celui de l'Allemagne toute la Silésie et la Pologne qui sera gouvernée, ce dernier pays seulement, par l'archiduc Charles.

Schweidnitz, le 19 mars 1807.

Schweidnitz, une des plus fortes places de la Silésie, a capitulé après trois jours de bombardement. Le prince Jérôme qui a visité nos batteries, disait à l'empereur qu'elles ressemblaient à des bâtiments démâtés. En effet, chaque jour tout était démonté, pour éviter les coups de l'assiégé qui tirait dix à douze coups contre un des nôtres. Nous tirions surtout la nuit, à l'aide de points de repère bien choisis.

Nous avons eu énormément de peine dans ce siège, où la terre à remuer pour former un épaulement était plus dure que le marbre ; elle était tellement gelée que les outils cassaient. Ce n'est donc qu'avec beaucoup de persévérance, et une ferme volonté de réussir que nous avons pu nous établir sous les murs de la place. Notre perte n'a été que de six canonniers et de quelques servants auxiliaires d'infanterie.

Il nous reste encore quatre sièges à faire, ou plutôt à reprendre, car ceux qui allaient déjà grand train, n'ont été que suspendus. Ces places sont :

| Neisse ; | Kosel ; |
| Glatz ; | Silberberg. |

Il faudra deux mois, si l'ennemi ne reçoit aucun secours.

Nous avons perdu beaucoup d'officiers d'artillerie dans les dernières affaires. Cela ne pouvait pas être autrement; c'est l'artillerie qui a tout fait, tout soutenu. Dans une de ces affaires, plus de cent bouches à feu ont vomi la mort dans les rangs ennemis, pendant plus de deux heures. Le mot de l'empereur est donc bien vrai : l'artillerie est toujours le premier corps.

Schweidnitz, le 18 avril 1807.

La division Marchand devient la 1re du 6e corps, en remplacement de la division Dupont détachée pour former la garnison d'Ulm. Le général de brigade Roguet passe à la division Bisson et est remplacé à la division Marchand par le général Marcognet; enfin les 39e et 69e de ligne permutent entre eux, de sorte que la brigade Marcognet (2e brigade de la 1re division) sera formée dorénavant des 76e et 39e de ligne, et la brigade Maucune des 6e léger et 69e de ligne.

L'empereur profitant du répit que la rigueur de la saison impose aux deux armées, a fait dresser la liste des militaires qui s'étaient fait distinguer par le courage depuis le commencement de la guerre et susceptibles de faire partie de la légion.

Le 10 courant, cette liste était envoyée à Sa Majesté. Le colonel Fririon, notre nouveau chef, m'y a porté le troisième, et je suis nommé membre de la légion d'honneur par décret du 14 avril 1807.

L'avancement dans tous les corps de troupes est considérable. On ne voit à la grande armée que des colonels et des chefs de bataillons nouvellement promus. On prétend que ce n'est pas fini et que d'autres promotions vont suivre.

Le chef d'état-major du corps d'armée nous annonce que le maréchal Masséna a battu les Russes, à Ostrolenka. Un officier russe prisonnier me disait hier : *Nous serons des amis bientôt*. Sur quoi s'était-il fondé pour me tenir un pareil langage ?...

Après Eylau l'arrière-garde ennemie voulut s'arrêter et prendre position au village de Schmoditten, pour que les blessés et l'artillerie eussent le temps de filer. Mais ce village était déjà occupé par l'avant-garde de Ney (6e léger et 69e de ligne). Six bataillons de grenadiers russes furent culbutés et obligés de battre en retraite en désordre.

Bielau, devant Neisse, le 22 avril 1807.

La grande armée ne manque de vivres nulle part ; les Russes attaqués de tous les côtés, ne savent où donner de la tête.

Le prince Jérôme avait promis à Marion de venir

au siège de Neisse. Le mauvais temps l'en a empêché. Nos tranchées sont remplies d'eau et de neige. Les épaulements sont pour ainsi dire de neige. Notre feu a commencé depuis sept jours; deux magasins à poudre ont sauté; plus d'un quart de la ville est brûlé.

Breslau, le 1er mai 1807.

Le siège de Neisse s'avançait, lorsqu'il y a quatre jours, le capitaine Marion a reçu l'ordre de rentrer à Breslau et de remettre le commandement de l'artillerie de siège au commandant Guérin. Ce contre-ordre l'a vivement impressionné, d'autant plus que presque tout était fini, et qu'il n'y avait plus qu'un peu de peine à se donner.

Aujourd'hui, Marion n'en est pas fâché, car à peine l'ami Guérin avait il visité nos batteries, en prenant possession de son commandement, qu'un boulet de plein fouet lui emportait la tête. Il lui sauvait la vie s'il était resté.

Et voilà à quoi tiennent les hasards de la guerre. Marion devait être tué ce jour-là, ou tout au moins blessé, au lieu et place de Guérin.

Les troupes qui forment le blocus de Dantzig ont pris à l'abordage un bâtiment anglais chargé de poudre et de boulets pour cette place.

Frankestein, le 5 juin 1807.

Neisse a capitulé, Kosel bloquée depuis quatre mois ne demande qu'à se rendre ; Dantzig s'est rendue avec des vivres pour plus de cent mille hommes. Cette conquête nous assure la possession de toute la Prusse ; elle pourrait bien faire accélérer nos opérations militaires, car à elle seule, cette forteresse occupait bien 60,000 hommes.

Marion compte retourner avec le général Vandamme dès que le siège de Glatz sera décidé. La garnison de cette place est bonne, nombreuse (plus de 8,000 hommes bien reposés). Nous ne pouvons guère que lui opposer 900 à 1,000 hommes. Je ne sais comment nous avons pu échapper à l'ennemi ; Marion tout le premier, aurait dû être pris deux fois.

La garnison de Kosel qui s'est rendue ne quittera la place que dans un mois. Dès maintenant, nous disposons de quatre-vingts bouches à feu, pour entreprendre le siège de Glatz. Le général Pernetty est chargé de diriger l'artillerie. Il faut nous attendre à de fréquentes sorties qui rendront ce siège bien plus intéressant que les précédents.

Neisse, le 6 juillet 1807.

La garnison de Glatz a capitulé après avoir perdu huit à neuf cents hommes tués ou blessés, et autant de prisonniers. Elle défilera devant nous le 24 de ce mois, à moins que la paix ne soit conclue d'ici là.

Au retour du printemps, l'Empereur, après s'être affermi sur la Vistule par l'occupation de Dantzig, de Thorn, de Modlin et de Praga, songeait à reprendre l'offensive, lorsqu'il fut prévenu que Beningsen allait tenter d'enlever le corps du maréchal Ney. Après des manœuvres où les deux généraux déployèrent une grande habileté et après plusieurs combats très meurtriers, qui coûtèrent encore la vie à 15 ou 18,000 hommes, sans qu'il n'y eût rien de décidé, une faute commise par Beningsen et dont Napoléon profita avec son habileté accoutumée, procura à nos troupes la victoire de Friedland, le 14 juin 1807 [1].

---

1. 14 juin 1807. Les cinq régiments de la division Marchand (6e léger, 69e; 39e 76e et 31e léger), marchant, en colonne par division, en une masse épaisse et profonde de 5,000 hommes, sur un front de soixante à quatre-vingts baïonnettes, furent chargés d'enlever le village de Friedland, défendu par l'arrière-garde russe qui recula, harcelée, assaillie par les décharges de nos tirailleurs animés par les succès qu'ils avaient remportés dans la journée.
(*Historique du 69e Régiment d'infanterie.*)

L'armée russe dispersée prit la fuite dans le plus grand désordre, d'abord sur le Pregel, puis sur le Niémen.

Les Français eurent à regretter 1,500 morts et 4,000 blessés; mais les Russes perdirent 30,000 hommes, toute leur artillerie et leurs bagages. Le Tzar nous croyant arrivés sur le Niémen et la Pologne russe disposée à se soulever, se hâta de demander la paix. Les deux empereurs se virent le 25 juin 1807 sur un radeau construit sur le Niémen et passèrent ensemble vingt jours à Tilsitt, où la paix fut conclue le 7 juillet.

Le roi de Prusse, Frédéric-Guillaume III auquel il ne restait plus que Mesnel, perdit ses provinces polonaises. — Les premières formeront avec la Hesse, la Poméranie et une partie du Hanovre, le royaume de Westphalie qui sera donné à Jérôme Bonaparte; les provinces polonaises seront érigées en grand duché de Varsovie et données au roi de Saxe. — Dantzig fut déclarée ville libre, avec une garnison française. — Les duchés d'Oldembourg et de Mecklembourg seront rendus à leurs possesseurs, sous la condition que les ports de ces deux états seront occupés par nos troupes jusqu'à la paix générale.

Alexandre Ier, vaincu à Austerlitz en 1806, à Eylau et à Friedland en 1807, ne perd rien de son territoire; mais il a souscrit à tous les arrangements faits par **Napoléon**, a reconnu tous les roitelets qu'il avait couronnés et a pris l'engagement de rompre toutes relations de commerce avec l'Angleterre.

CHAPITRE V

I

ENVAHISSEMENT DE LA PÉNINSULE HISPANO-PORTUGAISE

Dès le mois d'octobre 1807, Junot franchissant la Bidassoa, à la tête de 25,000 conscrits de la dernière levée, avait envahi le Portugal, avant que la cour de Lisbonne ait été informée de sa marche et des intentions de Napoléon. Junot, beaucoup plus préoccupé de l'exécution des ordres qu'il avait reçus que d'épargner la vie de ses soldats, quitta la grande route et suivit pour arriver plus vite au cœur du pays, les affreux chemins qui longent le Tage.

La cour de Lisbonne fut saisie de terreur, quand elle sut qu'une armée française s'avançait à marches forcées. Sans s'informer du nombre et de la valeur des troupes qui suivaient Junot, elle prit le parti de se dérober par la fuite, au danger qui la menaçait. Les princes et 15,000 nobles s'embarquèrent avec leurs trésors et firent voile pour le Brésil.

Les sentiers parcourus avec tant de précipitation par nos jeunes soldats étaient couverts de traînards exténués de faim et de fatigue, et Junot n'avait plus avec lui que quinze cents hommes haletants et déguenillés, lorsqu'il arriva sous les murs de Lisbonne.

La capitale du Portugal dont la population s'élevait à 200,000 habitants, qui possédait un arsenal et une garnison de 12,000 soldats, ouvrit ses portes sans faire aucune résistance, tellement était grand le prestige de la puissance de Napoléon.

Deux armées espagnoles envahirent l'une le nord, l'autre le sud du Portugal, tandis que Junot, maître paisible de Lisbonne, s'emparait du gouvernement, licenciait l'armée portugaise et réorganisait sa propre armée.

La fuite honteuse de la maison de Bragance, la prompte soumission des Portugais, persuadèrent à Napoléon qu'il pouvait tout oser ; il songea dès lors à traiter les Espagnols et leurs princes, comme il avait traité le Portugal et la maison de Bragance.

Les Bourbons d'Espagne étaient une race dégénérée ; ignorants, faibles et divisés. D'un côté le vieux roi Charles IV, la reine et Godoï leur favori ; de l'autre Ferdinand, héritier du trône. Le prince aussi ignorant, aussi borné que son père, était devenu l'idole de la nation, parce qu'il partageait la haine du peuple espagnol contre Napoléon.

Ferdinand secrètement conseillé par l'Angleterre, conçut le projet de livrer Godoï à la vindicte publique, de s'emparer du gouvernement et de faire approuver sa conduite par le cabinet des Tuileries. Ce complot avorta.

Charles IV fit arrêter Ferdinand et pria Napoléon de l'aider à déshériter un fils ingrat qui voulait lui ravir le trône et la vie.

L'Empereur sollicité tour à tour par le fils et par le père, se vit un instant l'arbitre des destinées, non seulement de la maison royale des Bourbons d'Espagne, mais aussi de la nation. Les Espagnols, en effet, exprimaient hautement, à cette époque le désir de voir le grand capitaine du siècle appliquer son génie, à régénérer leur gouvernement et leur pays. Malheureusement l'empereur agit dans cette grave circonstance avec maladresse et perfidie ; il souleva contre lui tous les Espagnols, la guerre d'Espagne va devenir une véritable plaie ; et la cause première de la chute de Napoléon et du malheur de la France.

Sous prétexte d'envoyer des renforts à Junot et

de protéger les côtes de la péninsule, contre les attaques possibles de l'Angleterre, l'empereur fit entrer successivement plusieurs corps de troupe, en Espagne, sous les ordres de Murat; employa la ruse et quelquefois la violence pour s'emparer des places fortes et y jeter de fortes garnisons. Quand il se vit maître du pays, il déclara à Charles IV qu'il avait cessé de régner, et qu'il exigeait la réunion à l'empire français, des provinces situées entre l'Elbe et les Pyrénées.

L'Espagne était envahie ; elle n'avait point d'armée à opposer à celle de Murat. Cette déclaration la plongea dans la consternation. Godoï trembla et ce lâche favori souscrivit de suite à cette honteuse cession. Il se laissa ensuite persuader d'emmener les Bourbons en Amérique et disposa tout pour leur fuite. Ferdinand et ses partisans soulevèrent le peuple ; ce départ ne put avoir lieu. Charles IV se vit contraint de destituer Godoï et déclarer qu'il n'avait jamais songé à s'expatrier. Une nouvelle insurrection ayant éclaté, Charles IV abdiqua en faveur de son fils, mais à la condition que Godoï, dont le peuple réclamait la tête, serait épargné.

Murat incertain de la conduite qu'il devait tenir, en face de ces événements, crut devoir faire occuper Madrid par les corps de Moncey et de Dupont. Le peuple accueillit les Français avec méfiance, parce qu'il les crut partisans de Ferdinand VII. Le lendemain, ce prince entrait dans la capitale de l'Espagne, au milieu des cris de joie d'une population en délire. Il se hâta de faire connaître à Napoléon l'abdication de son père et son avénement au trône... En même temps, il demandait en mariage une princesse de la famille impériale « afin — disait-il, — de resserrer les liens entre l'Espagne et la France. »

Mais tandis que Ferdinand VII cherchait à persuader à l'empereur, que l'abdication de son père avait été volontaire, le roi déchu remettait à Murat une protestation dans laquelle il dénonçait son fils, comme un usurpateur, comme l'agent et le partisan de l'alliance anglaise. En conséquence, il demandait un asile à la France, pour lui, sa famille et Godoï, son unique ami.

Napoléon se rendit à Bayonne où le bruit se répandit bientôt qu'il avait l'intention d'aller à Madrid, pour sonder les partis et voir ce qu'il y aurait à faire. Ferdinand VII se laissa persuader qu'il devait chercher à voir l'empereur avant son père et que s'il se transportait à sa rencontre, il le trouverait à Burgos ou à Vittoria. — Quelques amis fidèles essayèrent vainement de lui faire comprendre l'inconvénient et le danger d'une semblable menace. Arrivé à Vittoria, il écrivit à Napoléon pour le supplier de calmer les inquiétudes de ses partisans, en déclarant qu'il le reconnaissait comme roi d'Espagne.

Napoléon répondit qu'avant de faire une telle déclaration, il désirait acquérir la certitude que l'abdication de Charles IV avait été volontaire. Cette réponse n'ouvrit pas les yeux de Ferdinand VII qui se rendit à Bayonne où arrivèrent également, peu de temps après lui, Charles IV, la reine et Godoï que Murat avait mis en liberté, parce que l'empereur désirait se servir de lui pour déterminer Charles IV à renoncer à la couronne.

Le peuple de Madrid, indigné qu'on eût soustrait Godoï à sa vengeance, courut aux armes et massacra tous les Français, en garnison dans la capitale et tombés entre ses mains. Murat fit tirer à mitraille sur les insurgés et se maintint à Madrid. — Cette insurrection devint le sujet de débats scandaleux entre les membres de la famille royale.

Charles IV adressa des reproches violents à son fils ; la reine l'accabla des plus grossières injures et pria Napoléon de l'envoyer à l'échafaud. Celui-ci déclara qu'il ne reconnaîtrait jamais comme roi d'Espagne, l'homme qui avait fait égorger ses soldats et il ajouta qu'il allait reconduire Charles IV à Madrid.

« — Moi, retourner à Madrid, — dit aussitôt le vieux roi. — Eh, que voulez-vous que j'aille faire dans un pays où un fils ingrat et dénaturé a soulevé toutes les passions contre moi ?... »

Ferdinand VII saisi de terreur, se résigna à signer son abdication, sans dire un seul mot; rendit la couronne à son père qui la donna à Napoléon, lequel, feignant de céder au vœu de la *Junte* de Madrid, s'en dessaisit en faveur de son frère Joseph. Ce prince qui était déjà roi de Naples, abdiqua en faveur de Murat.

Une constitution propre à régénérer l'Espagne fut aussi faite et jurée à Bayonne. Le peuple espagnol ne voulut ni de Joseph, ni de Murat, ni de cette constitution et se prépara à défendre ses princes et sa liberté, sans se laisser intimider par la puissance de Napoléon.

« *La guerre d'Espagne*, — a dit depuis le prisonnier de Sainte-Hélène, — *a été une véritable plaie et la cause première des malheurs de la France... c'est ce qui m'a perdu.* »

Pendant que les faibles descendants de Philippe V renonçaient lâchement à leur couronne et que les grands se prosternaient aux pieds du nouveau roi, lui juraient serment et fidélité, le peuple courait aux armes, en criant

« *Vive Ferdinand VII! Mort aux Français!!* »

Les moines le crucifix à la main, imprimèrent l'élan au peuple qui entraîna la bourgeoisie et la noblesse.

Une *junte* suprême établie à Séville, le 27 mai 1808, déclara que la nation ne déposerait les armes que lorsque le roi légitime aurait recouvré

Les moines, le crucifix à la main... p. 155.

son trône et le peuple espagnol, son indépendance.

Le maréchal Bessières, avec 14,000 hommes seulement, marcha contre les insurgés qui s'étaient réunis au nombre de 40,000 sur la route de Séville à Madrid, pour barrer le chemin de la capitale au roi Joseph. Il les battit à Medina-de-rio-seco, et Joseph fit son entrée dans Madrid.

L'armée française mal dirigée par Murat rencontra partout une résistance acharnée et, sur plusieurs points, fut obligée de reculer devant les bandes espagnoles érigées en partisans de la plus grande bravoure.

Dupont qui avait été dirigé de Madrid sur Cadix, força le passage du Guadalquivir, prit et saccagea Cordoue, mais fut obligé de battre en retraite devant le général Castanos et se replia sur Andujar. Le division de Wedel fut envoyée au secours de Dupont, avec la mission de tenir sur le Guadalquivir : Dupont fut coupé de Madrid et au lieu de prendre une résolution énergique il signa à Baylen, pour sa division et celle de Wedel, une capitulation honteuse que la *junte* de Séville refusa de ratifier.

Napoléon s'indigna, mais Joseph n'en fut pas moins obligé d'évacuer Madrid. Tous les corps français passèrent l'Ebre à nouveau, et Junot se trouva isolé dans le Portugal où une insurrection générale éclata le 16 juin 1808.

Une armée anglaise conduite par Arthur Vellesley, depuis duc de Wellington, débarqua à l'embouchure du Mondégo.

Junot qui n'avait que 28,000 hommes pour garder Lisbonne, dix places fortes, tout un royaume insurgé, et combattre 22,000 Anglais, fut vaincu à Vimeiro et obligé d'abandonner le Portugal, après avoir signé la *Convention de Cintra.*

Dorénavant la guerre d'Espagne va prendre des proportions gigantesques. Dès le mois de juillet 1807, des ordres sont donnés pour qu'une partie des régiments de la Grande Armée quittent les bords de l'Oder, pour prendre le chemin de l'Espagne. Parmi ceux-ci se trouvent le 69° de ligne. Ce régiment compte 2,581 hommes à l'effectif. Il a pour colonel, le brave Fririon qui le commandait déjà à Friedland; comme chef de bataillon : au 1er, le commandant Magne ; au 2e, le capitaine Giraud qui le commande par intérim et au 3e le commandant Duthoyat. Il fait partie de la 1re brigade (Général Maucune) de la 1re division (Marchand), du 6e corps (maréchal Ney).

Le moment est venu pour Napoléon de venir en personne en Espagne, avec l'élite de son armée d'Allemagne, rétablir notre situation compromise à la fin de 1807, par les capitulations de Baylen et de Cintra.

L'armée française avait été refoulée jusqu'à

l'Ebre. C'est au centre, contre l'armée espagnole de l'Estramadure, que l'empereur va porter ses premiers coups. — Ici les lettres du capitaine Giraud sont d'un intérêt puissant; laissons-lui la parole.

⚘ ⚘ ⚘

Drogelwitz, le 21 avril 1808.

Un décret du 18 février 1808 porte le nombre des bataillons par régiment d'infanterie, à cinq au lieu de trois : 4 de guerre et 1 de dépôt. Les bataillons de guerre sont de six compagnies dont une de grenadiers et une de voltigeurs. Le bataillon de dépôt compte seulement quatre compagnies de fusiliers. Il n'y a plus par régiment qu'un drapeau porté par un lieutenant désigné sous le nom de porte-aigle. Au 69º, celui-ci a douze ans de service, et a fait les quatre campagnes d'Ulm, d'Austerlitz, d'Iéna et de Friedland. Il lui est adjoint *deux braves*, anciens soldats illettrés ayant de douze à quinze ans de service, portant les galons de sergents, les épaulettes écarlates et un casque de carabiniers dont la chenille est rouge pour l'un (2º porte-aigle) et blanche pour l'autre (3º porte-aigle). La réorganisation du régiment a eu lieu le 1er de ce mois; je suis placé à la 2ᵉ compagnie du 2ᵉ bataillon. Le commandant Magne est toujours à la tête du 1ᵉʳ bataillon. Le colonel fait une nouvelle répartition de cantonnement. Ma compagnie occupe Steinau, à huit lieues de Drogelwitz.

Tout le pays que nous parcourons est inondé, de sorte que toutes les communications sont interrompues depuis huit jours.

Le baromètre politique est à la guerre ; les préparatifs qui se font l'annoncent à brève échéance. Les derniers événements survenus en Espagne et à Rome paraissent en être la cause. L'Empereur ne se lassera donc pas de faire des rois?... Il s'épuise en présents et en donations de toutes sortes, en faveur de ses généraux, des chefs de corps et des chefs de bataillon bien en cour ; pourquoi ne pense-t-il pas aussi à la classe des officiers inférieurs, à celle qui peine le plus dans toutes les opérations de guerre? Il est vrai que le nombre en est si considérable qu'il ne peut donner à tous.

Steinau, le 11 juin 1808.

J'ai quitté avec regret mes hôtes de Drogelwitz. J'y étais assez bien. Ils ont eu aussi du regret de me voir partir, et j'en juge du moins par leurs paroles d'adieu. Il ne faudrait pas cependant les juger d'après les apparences, car l'Allemand, essentiellement positif, n'a aucune franchise dans le caractère.

L'emploi de chef de bataillon est toujours vacant au 2e, de sorte que j'en exerce encore le commandement par intérim. J'exerce aussi à Steinau les fonctions de major de place; mes occupations sont donc multiples et très variées. Du matin au soir, je n'ai pas un seul moment de repos.

On parle de guerre. L'artillerie file vers la Haute-Silésie. Dès demain, on va compléter le soldat à cinquante cartouches et quatre pierres à feu de rechange.

Le 19, j'ai l'ordre d'envoyer un détachement de huit hommes par compagnie pour aller travailler au camp de Glogau où nous devons être rendus le 1er juillet prochain. Cette place doit être gardée en dépôt par nos troupes, jusqu'à ce que la Prusse ait complètement exécuté les clauses du traité de Tilsitt. Si j'en juge d'après les apparences, nous n'y ferons pas un long séjour; de là, on nous fait espérer que nous nous rendrons en Bohême. Jolie perspective!...

Et le colonel qui me demande mon avis sur l'espèce d'effets à laisser par les hommes à notre petit dépôt de Glogau, en cas d'un ordre de mouvement précipité?... Ne le sait-il pas mieux que moi, lui qui a entre les mains tous les rapports des commandants de compagnie?...

Au camp de Glogau, le 10 juillet 1808.

Le 69ᵉ occupe au camp de Glogau différents emplacements qui sont : Beuthen, Neustadt et Pobschetz. Nous avons eu beaucoup de peine à nous y installer et nous procurer le nécessaire. Pendant huit jours, j'ai couché sur la paille et sans l'honnêteté de mon hôte qui a bien voulu me prêter un lit, j'y coucherais encore.

Nous commençons seulement à y être passablement. Depuis le 1ᵉʳ, date de notre arrivée, nous allions prendre nos repas à Glogau même, distant de trois quarts de lieue du camp de mon bataillon. Aujourd'hui nous avons notre pension au camp ; ce qui est peut-être plus onéreux pour notre bourse, mais en tous les cas, bien plus commode que d'aller chercher matin et soir nos repas au loin.

Nos soldats vivent chez l'habitant ; les transports de toute nature sont assurés par voie de réquisition. Malgré la mauvaise qualité du drap d'uniforme et la confection défectueuse de l'habillement, mes hommes n'ont jamais été mieux habillés.

Nos occupations deviennent de plus en plus grandes. Nous avons deux fois par jour théorie des officiers et sous-officiers, sans compter le service du jour et les détails du métier. Les chaleurs sont très fortes depuis quelques jours ; on a de la peine à rester dans sa baraque quand les planches échauffées rendent la température étouffante. Si cela continue, nous aurons ici beaucoup de malades.

Le colonel Fririon est un brave et digne homme; il ne fait rien à mon bataillon sans me consulter. J'ai dîné chez lui dernièrement avec le capitaine Demange et sa femme qui vient de rejoindre son mari, pour participer aux fatigues et au danger de nos excursions.

La vie des camps est infiniment plus salutaire que la vie des cantonnements. Malheureusement, nos baraques laissent passer l'eau, et quand il pleut, nous sommes mouillés comme des canards.

Le chef de bataillon qui nous manque n'est pas encore arrivé. On prétend que la place sera donnée à un commandant attaché à l'état-major, ayant servi comme capitaine au régiment et qui demande à y rentrer. Avec le colonel Brun, on connaissait toutes les propositions, faites par lui, dans le régiment; avec le nouveau, qui ne se fait aider par personne, rien ne transpire; de sorte que nous ne connaissons pas le nom du capitaine appelé à commander le 2e bataillon, c'est-à-dire le mien.

Madame Demange ne veut plus quitter son mari, dût-elle aller aux Indes et même aux antipodes. C'est une héroïne dont on voit peu d'exemple [1].

---

1. Ces sortes d'héroïsmes-là n'étaient pas rares dans les

Au camp de Glogau, le 5 août 1808.

Depuis un mois, nous n'avons pas eu un moment à nous; les exercices nous occupent huit heures par jour; puis dans l'intervalle d'un exercice à un autre, la théorie aux officiers et aux sous-officiers. Cette besogne est un peu dégrossie maintenant; mais on vient de nous en tracer une autre : *l'école des tranchées*. Nous allons chaque jour travailler devant la place de Glogau, comme s'il s'agissait d'une place qu'on voudrait assiéger. Les gabions et les saucissons [1] sont prêts pour ouvrir la tranchée.

Les bourgeois s'étonnent de nous voir faire ces préparatifs; nous ne le sommes pas moins qu'eux.

---

armées de Napoléon Ier. Le général Claude-Théodore Decaen, tué à Borny, le 14 août 1870, était né à Utrecht, le 30 septembre 1811, d'un père capitaine dans un régiment sous les ordres d'Oudinot qui commandait en Hollande en 1810, et d'une mère qui suivait son mari dans tous les camps, où la vie errante du militaire le conduisait. Cette femme héroïque assista au passage de la Bérézina, son enfant traîné dans une charrette, et quand vint le jour néfaste où la troupe affolée des soldats sans drapeau, se précipita vers les glaces de la Bérézina, ce fut elle encore qui recueillit le dernier soupir de son mari, tué en cherchant à couvrir le passage de cette rivière avec quelques milliers d'hommes dévoués qu'Oudinot, devenu maréchal, opposait au général Tchitchakoff. (*Note du Cᵗ Grandin.*)

1. Fascines.

Bamberg, le 25 août 1808.

Nous avons reçu l'ordre de quitter le camp de Glogau le 15 août, à cinq heures du soir. Le lendemain, nous étions en route à quatre heures du matin, montés sur des charrettes de réquisition destinées à nous transporter rapidement du côté de Mayence où nous devons être rendus le 31 du courant.

Nous faisons donc la route en poste, parcourant 18, 20 et quelquefois 25 lieues par jour. Nous ne nous arrêtons même pas la nuit, pour chercher, par un sommeil réparateur, un adoucissement à des fatigues incessantes. Cahotés comme nous le sommes par les soubresauts des voitures, nous ne pouvons nous tenir ni debout, ni assis sans tomber les uns sur les autres. Une marche à pied serait certainement bien moins fatigante; mais il paraît que nous n'arriverions pas à temps. Tout le 6e corps voyage de cette façon.

Où allons-nous?...

On prétend que nous sommes destinés à renforcer notre armée d'Espagne.

J'espère qu'on ne nous fera pas voyager en poste, pendant que nous traverserons la France.

Mayence, le 2 septembre 1808.

Le 69ᵉ a reçu l'ordre de quitter Mayence, le 3 septembre. Tout le 6ᵉ corps se rend à Bayonne en trois colonnes. La 1ʳᵉ division (Marchand) : 6ᵉ léger, 69ᵉ, 39ᵉ et 76ᵉ, forme la colonne de droite, les quatre régiments se suivent à un jour d'intervalle.

Paris, 27 septembre 1808.

Le passage du 69ᵉ à travers la France n'a été qu'une véritable marche triomphale : harangues, vivats, chansons patriotiques ; à chaque étape, des fêtes ; partout des fleurs jetées aux héros de la grande armée ; partout les villes et les campagnes rivalisèrent de zèle pour recevoir dignement ceux que les hasards de la guerre envoient en Espagne, affronter de nouveaux périls.

Nous espérions que l'Empereur nous passerait en revue à Versailles ; mais S. M. est partie le 22 pour Erfurth où elle doit avoir une entrevue avec l'empereur de Russie, à l'effet de traiter des affaires du Nord. Dieu veuille qu'il réussisse et que de notre côté, nous puissions terminer celles du Midi.

Mon voyage a été très bon. La voiture ne m'a nullement fatigué ; j'y ai dormi comme j'ai pu, et j'étais par moment si fatigué que j'y ai dormi aussi bien que dans les lits des grands seigneurs polonais.

Je vais profiter de cette journée pour voir Paris que je ne connais pas et visiter les principales curiosités de la capitale.

Le Mans, le 9 octobre 1808.

D'après les on-dit, je prévois que la guerre d'Espagne ne sera pas heureuse ; je désire cependant qu'elle se termine au mieux des intérêts de la nation. Avant son départ de Paris, Sa Majesté l'Empereur a nommé à tous les emplois vacants dans le corps auquel j'appartiens [1]. Notre régiment et le 6º léger qui constituent ma brigade [2] sont les seuls qui n'ont rien obtenu. Toutes les troupes ayant eu de l'avancement, soit dans la légion d'honneur, soit dans le grade, ont eu le bonheur de passer la revue de l'empereur ; c'est ce qui explique pourquoi le 69º n'est pas allé à Versailles et a été tenu à l'écart. Lorsque Sa Majesté voyait un capitaine qui commandait un bataillon, — ce qui est mon cas, — il demandait au colonel s'il commandait par intérim depuis la nouvelle organisation ; si la ré-

---

1. Le VIº (Ney).
2. Brigade Maucune.

ponse était affirmative, il ordonnait de le faire reconnaître de suite.

Il faut avouer que je n'ai pas de chance. Je commande par intérim le 2ᵉ bataillon du 69ᵉ depuis la nouvelle organisation ; mais n'ayant pas assisté à la revue, je n'ai attiré l'attention de personne et j'en suis encore à attendre une nouvelle occasion de promotion. Décidément, la roue de la fortune ne tourne pas pour moi.

Le maréchal Ney vient de me faire dire par mon colonel que le cheval me sera interdit dès qu'on aura pourvu mon bataillon d'un titulaire pour le commander, et cela, sous le prétexte fallacieux qu'en Espagne je ne pourrai pas me servir d'un cheval, en raison des difficultés d'un pays montagneux et raviné.

Encore une perte sèche de vingt-cinq louis qu'on m'impose !...

Niort, le 18 octobre 1808.

Le chef de mon bataillon vient d'être nommé ; c'est le beau-frère du ministre de la guerre.

Les campagnes en Allemagne m'ont un peu gâté. J'avais toujours un cheval entre les jambes ; il faut maintenant me débarrasser de celui que je possède pour me remettre à la marche. Ce sera l'affaire de quelques jours.

Quand le colonel Fririon [1] a su que je n'avais plus mon cheval, il m'a offert de monter un des siens, de préférence à son domestique. J'ai refusé ; je monte seulement dans sa voiture, quand il m'offre une place à côté de lui... pour causer.

Saint-Geours [2], le 1er novembre 1808.

J'ai profité de mon passage à Bordeaux pour y faire tous les achats nécessaires à la campagne, de crainte de ne pas les trouver à Bayonne, ville pour laquelle nous nous mettons en route demain, à l'aube.

Nous sommes ici dans un mauvais village avec quatre cents hommes de la garde impériale.

On croit que l'empereur passera ici cette nuit. Les chevaux de poste sont tout prêts pour le conduire à Bayonne.

Dans le midi, le vin est de toutes les réjouissances publiques. Quelle différence avec le nord, où les ovations sont fleuries, et en quelque sorte, plus poétiques !

---

1. Colonel du 10 février 1807; blessé à Friedland ; il deviendra général de brigade, pendant la guerre d'Espagne. (*Note de l'auteur.*)

2. Saint-Geour-d'Auribat, arrondissement de Dax (Landes) ; route de Bordeaux à Bayonne.

II

NAPOLÉON EN ESPAGNE

Profitant du désarroi occasionné à nos troupes par notre intervention en Espagne, l'Autriche faisait depuis plusieurs mois de puissants efforts pour préparer une cinquième coalition [1]. Napoléon eut un instant l'idée de rappeler ses troupes et d'abandonner l'Espagne à ses propres forces. Mais, réfléchissant que ce serait livrer la péninsule aux Anglais, il prit le parti de charger le Tzar Alexandre

---

[1]. Toutes les guerres soutenues par l'Autriche contre la France, depuis 1792 avaient eu une issue malheureuse, et cependant, on ne peut nier que cette puissance a mis beaucoup d'habileté à bien choisir son temps pour nous attaquer. — En 1798, elle saisit, pour violer le traité de Campo-Formio, le moment où Bonaparte et l'élite de son armée semblent être condamnés à un long exil dans la vallée du Nil, par la destruction de notre flotte à Aboukir ; en 1805, elle viole le traité de Lunéville, et lance ses armées vers le Rhin, lorsqu'elle suppose que Napoléon et son armée ont fait voile pour l'Angleterre ; en 1809, elle viole le traité de Presbourg qu'elle avait sollicité, les mains jointes, lorsqu'elle voit nos vieilles bandes de l'autre côté des Pyrénées et leur invincible empereur courir au delà de Madrid à la recherche des colonnes du général anglais Moore.

de contenir l'Autriche, pendant qu'il franchirait les Pyrénées avec ses vieilles bandes.

L'Espagne était livrée à une effroyable anarchie; la plus vive exaltation régnait partout. Outre une multitude de bandes armées conduites par des hommes et des chefs entreprenants, les insurgés avaient sur pied 130,000 hommes de troupes régulières, renforcés de 40,000 auxiliaires anglais.

L'arrivée de Napoléon avec 80,000 vieux soldats changea aussitôt la face et la fortune de la guerre. Soult battit à Burgos, le centre de l'armée espagnole; Victor, la gauche à Espinosa; Lannes, la droite à Tudella.

« *Les Espagnols ne peuvent tenir en ligne*, disait le Bulletin de la Grande Armée : — *Ce sont des Fellahs d'Egypte ou des Bédouins du désert.* » Mais ce que ne disait pas le bulletin, c'était que les victoires ne donnaient au vainqueur, que le terrain sur lequel il avait combattu et que tout ce qu'il ne pouvait pas occuper, tombait aussitôt au pouvoir des insurgés.

Après les victoires de Burgos, d'Espinoza et de Tudella, l'empereur passa le Douro à Aranda et arriva devant le défilé de Somo-Sierra, position regardée comme inexpugnable et que défendaient 12,000 Espagnols, avec seize pièces de canon.

Napoléon fit prendre le pas de charge et lança au galop ses chevau-légers polonais contre la po-

sition qui fut enlevée en un instant, au cri de :
« *Vive l'empereur!* »

L'armée française se porta sur Madrid défendu par 8,000 soldats, 40,000 insurgés et 100 pièces de canon.

Les rues avaient été dépavées et barricadées. Les habitants fanatisés par les moines avaient juré de se défendre et de massacrer tous ceux qui parleraient de capitulation.

Napoléon investit la ville, s'empara des hauteurs de Retiro qui la dominent et somma ensuite les généraux et les autorités de se rendre, sous peine d'être passés par les armes.

Après des combats et des pourparlers qui durèrent deux jours, Madrid ouvrit ses portes le 3 décembre 1808. L'empereur publia le lendemain un armistice par lequel il abolissait l'inquisition, une partie des couvents, les droits féodaux et levait les entraves qui gênaient le développement de l'industrie. Le peuple espagnol repoussa ces ouvertures et les bienfaits de la civilisation qu'on voulait leur imposer ; il continua à regarder les Français comme des ennemis qu'il pouvait tromper, trahir et assassiner au coin des rues ou au coin des bois.

Une armée anglaise débouchant du Portugal, sous le commandement de Moore se mit en marche pour dégager Madrid. Mais à la nouvelle des désastres essuyés par les armées espagnoles, elle rétrograda sur Astorga et la Corogne.

Napoléon, sorti de Madrid avec la garde impériale, opéra sa jonction, à Astorga, avec le maréchal Soult, et manœuvra pour couper la retraite de Moore, lorsque les nouvelles reçues de l'Autriche l'obligèrent à laisser à Soult, le soin de battre et de chasser les Anglais de la péninsule.

Après avoir nommé son frère Joseph, généralissime, et Jourdan, major général des armées françaises en Espagne, l'empereur revint précipitamment à Valladolid, repassa les Pyrénées et rentra à Paris pour prendre le commandement des troupes destinées à résister à la cinquième coalition.

Sur ces entrefaites, Moore était parvenu à gagner la Corogne; mais il avait perdu 10,000 hommes, ses canons et ses bagages. N'ayant pas trouvé les vaisseaux sur lesquels il devait s'embarquer, il accepta la bataille sous les murs de la ville et se fit tuer en combattant. Les vaisseaux si impatiemment attendus arrivèrent enfin; l'armée anglaise s'embarqua pendant la nuit, et trois jours après, la Corogne se rendait.

Le Ferrol ouvrit ses portes, et toute la Galice fit sa soumission au maréchal Soult.

Lefèvre et Victor que Napoléon avait laissés sur le Tage lorsqu'il quittait Madrid pour se préparer à marcher contre Moore, ayant remporté de nouveaux avantages sur les armées espagnoles de l'Estramadure et de l'Andalousie, le roi Joseph rentra à Madrid.

Vers la même époque, Lannes investissait Saragosse avec 32,000 hommes. Cette ville, mal fortifiée, était défendue par l'armée de Palafox et par 30,000 bourgeois, paysans et moines qui avaient juré de s'envelir sous ses ruines. Après un mois de siège, toutes les sommations ayant été repoussées, Lannes fit donner l'assaut. Les murailles furent emportées; mais la garnison et les habitants défendirent quand même l'intérieur de la cité. Chaque maison devint une citadelle dont il fallut prendre d'assaut chaque étage. Lorsque cette cité héroïque succomba, elle était encombrée de 30,000 cadavres.

— Les Catalans avaient montré autant de courage que les Aragonais. Ils succombèrent comme eux.

Nos armes étaient partout triomphantes : les vaincus pleins de confiance dans la justice de leur cause, conservaient encore l'espoir de délivrer un jour leur patrie du joug de l'étranger.

A l'époque où commençait cette guerre qui ne dura pas moins de six ans, l'Espagne possédait en Amérique le Mexique, le Guatemala, le Pérou, le Chili, le Paraguay, l'Uruguay, Buénos-Ayres... Mais de 1808 à 1825, toutes ces contrées profitant des embarras de la métropole, se soulevèrent pour secouer le joug de l'Espagne et se déclarer indépendantes.

En 1830, ce beau pays ne possédait plus en Amérique que Cuba et Porto-Rico [1].

⚜

Après le départ de Napoléon, tout alla de mal en pire dans la péninsule hispanique.

C'est à ce moment-là qu'arrive le 69e qui dès le début se trouve aux prises avec des difficultés de toutes sortes. Le capitaine Giraud nous en donne un aperçu dans son carnet de campagne.

Burgos, le 12 novembre 1808.

Nous traversons la ville de Burgos à la course, sans nous y arrêter; tout est silencieux; une lumière s'aperçoit à une fenêtre du rez-de-chaussée d'une maison : c'est le bureau de poste. Vite, je demande du papier à mon sergent-major; j'y cours, je tire un crayon de ma poche, je mets mon chapeau sur mes genoux en guise de secrétaire, et me voilà à écrire mes impressions sans m'inquiéter du régiment qui file toujours, et que j'aurai probablement bien de la peine à rattraper. Et dire que ce sera souvent ainsi, en Espagne.

---

[1]. Aujourd'hui, les Américains sont en possession de Cuba et de Porto-Rico. (*Note de l'auteur.*)

Avant-hier les Espagnols ont reçu un petit acompte sur ce qui leur revient pour tout le mal qu'ils nous font. Nous ferons mieux une autre fois. Ils ne perdront rien pour attendre [1].

Madrid, le 11 décembre 1808.

Quel drôle d'aspect que celui de ce pays-ci. Les rues étroites et tortueuses des cités que nous traversons, les fenêtres grillées; les portes cadenassées, l'air sévère, méfiant et sombre des habitants : tout cela attriste l'âme.

Le 12 novembre nous étions à Burgos, où nous sommes entrés à la suite des troupes du maréchal Soult, par une pluie battante; après une marche pénible dans les défilés, à travers des chemins rocailleux, détestables. La ville n'était déjà plus qu'une vaste solitude. De tous les côtés ce n'étaient que voix s'interpellant, à la recherche de vivres et d'ustensiles de cuisine, pour la soupe qui s'est faite dans la nuit, en dehors de la ville.

Le lendemain, une marche rapide, à peine arrêtée au défilé de la Somma-Sierra nous conduisait à Madrid, où nous sommes arrivés hier, 10 décem-

---

[1]. Le capitaine Giraud fait ici allusion au combat de Burgos, livré le 16 novembre par le corps du maréchal Ney opérant en liaison avec celui du maréchal Soult. (*Note de l'auteur.*)

bre. Sitôt arrivés, des officiers d'état-major accompagnés de quelques soldats inscrivent à la craie, ou à l'aide de fumerons des inscriptions sur les murs, telles que celles-ci : Quartier des dragons. Maison du général Maucune ; Place de rassemblement.

« — Par ici le 69ᵉ ! cria une voix : celle du capitaine de Fezensac, aide de camp du maréchal Ney.

Et je pris immédiatement possession du pâté de maisons qui m'était réservé, en y inscrivant à mon tour, au charbon sur les murs d'un couvent : *Casernement de la 2ᵉ compagnie du 2ᵉ bataillon du 69ᵉ de ligne.*

Dès le début de la guerre d'Espagne, j'en avais déjà dans l'aile. Ici point de champ de bataille sur lequel on succombe avec honneur et gloire ; mais partout le poignard d'un assassin qui vous guette, caché dans un coin, ou derrière une broussaille. Ici le fanatisme religieux, l'exaltation de l'indépendance poussée au paroxysme, une nation animée et soutenue par l'argent de l'Angleterre lutte contre des soldats qui ont vaincu jusqu'à ce jour toutes les armées de l'Europe coalisée. Malheur aux soldats que la faim force à sortir des rangs pour marauder ; ou à tous ceux que la maladie ou une blessure empêche de suivre leur régiment, ils sont impitoyablement massacrés et leur mort n'est qu'une cruelle et longue agonie.

San-Yago, le 24 mars 1809.

Les courriers ne marchent pas; je suis sans cesse par monts et par vaux, escaladant les montagnes, dégringolant dans les ravins, à la recherche des guérillas. L'empereur a quitté l'Espagne en février dernier. Tant pis ! Car il n'est prodigue d'avancement que pour ceux qui se font blesser sous ses yeux.

Le commandant Magne vient d'être nommé major au 50° de ligne; il est remplacé par notre capitaine d'habillement, Rolland. En voilà un qui a de la chance !... Etre resté cinq ans sans paraître aux bataillons de guerre et être tout à coup bombardé officier supérieur; c'est à dégoûter du métier, les vieux serviteurs. Cette nomination a surpris tout le monde, et moi, tout le premier [1].

---

1. Napoléon n'ignorait pas cependant que le plus puissant des mobiles dans l'armée, c'est l'ambition, c'est-à-dire l'ambition légitime, basée sur les services rendus. Malheureusement il absorbait toutes les ambitions de son armée, en les rapportant à lui, afin d'augmenter le prestige de sa personne, partout où il se trouvait. Il oubliait ainsi d'excellents officiers, parce qu'ils étaient employés au loin, sous des généraux non en faveur, tandis qu'une foule de jeunes militaires bien moins méritants, mais placés dans une zône plus près de l'astre du jour, n'ont fait qu'effleurer les échelons pour parvenir aux sommités de la hiérarchie.

(*Notes de l'auteur.*)

Ma situation est très précaire, car, en définitive, une nouvelle campagne peut me mettre dans le cas de prendre ma retraite, comme capitaine, et alors que deviendrai-je avec une pension aussi modique que celle affectée à ce grade ? Le temps, j'espère, arrangera tout cela.

Nos chefs qui reçoivent de temps en temps des domaines ou des gratifications, sont contents de leur sort et se soucient fort peu du nôtre. Ils disent, comme le colonel Fririon qu'il faut toujours être content de son sort et ne jamais se plaindre. Pourtant, celui qui n'est que baron, veut être comte. Tout cela fait rire.

Benavente, le 6 juillet 1809.

Toujours détaché avec ma compagnie et ne pouvant que rarement profiter des courriers qui partent tous du quartier général de notre division [1], je suis souvent obligé de profiter d'un détachement qui rentre en France. L'officier qui le commande porte alors mes lettres pour les mettre à la poste de Bayonne, ou à Bordeaux, à moins qu'il ne soit pris ou arrêté en route par les guerilleros qui ne manqueront pas de le pendre haut et court.

1. Division Marchand (1re du 6e corps).

Les capitaines Reboul, Grasset et Poupon partent aujourd'hui pour Luxembourg [1] où ils vont attendre la liquidation de leur retraite.

Le colonel me fait connaître que le maréchal Ney lui demande un mémoire de proposition pour l'avancement dans tous les grades et qu'il me propose pour chef de bataillon.

Les Espagnols nous détestent; il n'y a de soumis que ceux qui sont contenus par nos troupes. Il faut même se méfier de ceux qui nous font bon accueil.

Nous sommes restés dans la province de Galice du mois de janvier 1809, au 16 juin suivant, vivant de réquisitions, mal nourris, mal couchés.

A Astorga, les petites et belles Espagnoles que nos soldats saluaient en passant, y répondaient par une grimace et des sottises, montraient leurs belles dents blanches et quelquefois le poing.

Les Espagnols regrettent les cloches de leurs églises que l'on a transportées en France pour en faire des canons à notre usage.

Salamanque, le 25 août 1809.

C'est à n'y rien comprendre. Nos correspondances ne sont pas plus faciles en pays de plaines que

---

[1]. Lieu de garnison du dépôt du 69º.

dans les montagnes de la Galice. Je ne sais si le capitaine Grasset qui s'était chargé de porter mes lettres à Bayonne, a pu passer la frontière; car les communications sont toujours interceptées.

Nous sommes ici comme l'oiseau sur la branche. Nous restons rarement huit jours dans le même endroit. Il faut espérer que l'empereur trouvera d'autres moyens que celui des armes, pour pacifier l'Espagne et mettre fin à une guerre très malheureuse pour les deux partis, et interminable peut-être, en raison de la résistance qu'on nous y oppose. Partout, nous n'y dormons que d'un œil.

Dans une expédition que nous venons de faire contre les Anglais, les Espagnols, les Portugais, nous avons éprouvé des privations inouïes. A notre approche, les habitants désertaient les villes et les villages, emportant tout, faisant le vide, en avant de nous. Cela nous a mis dans une disette extrême, de sorte que nous avons manqué de tout ce qu'il y a de plus commun partout : l'eau. Oui !... l'eau... Néanmoins les Anglais ont été battus et se sont retirés en Portugal, avec les troupes de cette nation. Les Espagnols ont été battus également et se sont retirés en Andalousie.

Actuellement, nous jouissons d'un repos relatif. Ce repos sera-t-il de longue durée ?... Je ne le crois pas...

Le bruit court que l'empereur doit revenir en Espagne, en y amenant un gros renfort. Nous aurons peut-être le bonheur d'être passés en revue par lui. Qu'il y vienne donc et au plus vite. Car si mon colonel ne tient pas sa promesse, je suis décidé à quitter la partie et à prendre ma retraite. J'en ai par dessus les épaules de la guerre telle que nous la faisons ici.

Salamanque, 5 octobre 1809.

Le 4 août, le 6e corps atteignait Plasencia, dans le but d'empêcher le roi Joseph d'être battu à Talavera par Wellington qui s'était porté sur Madrid, par la vallée du Tage. A cet effet, nous descendîmes le Douero sur les derrières de l'ennemi qui ne put profiter de sa victoire et dut se replier au sud du Tage.

Nous voici donc de retour à Salamanque, après une absence qui n'a pas duré moins d'un mois. Bientôt, nous serons aux prises avec l'armée espagnole de d'El-Parque qui, des Asturies, a rejoint devant Ciudad-Rodrigo, les troupes anglaises de Beresford.

Nous sommes ici dans la plus grande ignorance de ce qui se passe, en Allemagne, et même de ce qui se passe dans l'intérieur de l'empire français.

Une gratification de cent mille francs vient d'être payée aux officiers, sous-officiers, caporaux et soldats de l'armée en Espagne. J'ai eu pour ma part, douze cents et quelques francs que je voudrais bien faire passer en France, avec une dizaine de livres en lingot d'argent que j'ai conservé pour en faire des couverts. Cet argent est un des plus beaux qu'on puisse trouver en Espagne.

Tatamès, 20 octobre 1809.

Le maréchal Ney obligé de s'absenter pour quelque temps, a cédé le commandement de son corps d'armée au général de division Marchand. Il a sous ses ordres 9,000 hommes d'infanterie, 800 chevaux, et 16 pièces de canon.

Le 17, nous nous mettions en marche sur Tatamès où campait l'armée du duc d'El-Parque; environ 4,000 Espagnols embusqués derrière des murs. Le 25° léger a attaqué par la gauche; les 39° et 76° ont pris par le centre, le 6° léger et le 69° de ligne ont attaqué la droite avec la cavalerie légère. Nous y avons été battus et obligés de rétrograder à travers un pays de chicane, de forêts interminables et de très mauvais défilés.

Malgré ces obstacles, notre retraite s'est effectuée en très bon ordre, avec l'aplomb qui caractérise les vieux soldats[1].

---

1. Deux ans après, le général Marchand, ayant reçu une di-

Les lieutenants Tesset et David, ainsi que le sous-lieutenant Monnin y ont été blessés.

Ici quelques mots d'explication.

En quittant l'Espagne, Napoléon avait donné l'ordre au maréchal Soult de chasser les Anglais du Portugal. Mais la mésintelligence régnait entre les généraux qui commandaient les différents corps d'armée, et le roi Joseph ne savait pas se faire obéir. Soult cependant, s'empara de Tuy, et après des marches pénibles et plusieurs combats sérieux, arriva devant Oporto que défendaient 40,000 insurgés commandés par leur évêque. La ville résista énergiquement, mais n'en fut pas moins emportée d'assaut et horriblement saccagée. Vingt mille hommes périrent en combattant, ou se noyèrent dans le Douero, en essayant de se sauver.

Soult malgré ce succès n'osa pas se hasarder à marcher sur Lisbonne où se trouvaient une armée anglaise et plusieurs corps d'insurgés, parce que Victor qui devait diviser les forces de l'ennemi, en pénétrant dans l'Alentéjo ne se montra point.

---

vision de dragons, prendra sa revanche, en battant d'El-Parque, au combat d'Alba de Tormès (12 juillet 1812).

(*Note de l'auteur.*)

Dans un pays où il y avait autant d'ennemis de la France que d'habitants, les désastres des armées espagnoles étaient promptement réparés. Celles de la Manche et de l'Estramadure remises de leurs défaites menacèrent de nouveau Madrid.

Sebastiani et Victor se portèrent à leur rencontre. Le premier battit l'armée de la Manche à Ciudad-Rodrigo; et le second celle de l'Estramadure, près de Medelin. Malgré ces deux victoires, Victor voyant grossir le nombre des rebelles sur ses derrières, renonça à envahir le Portugal et laissa Soult se tirer d'affaire, comme il l'entendrait.

Soult fit une retraite habile qui lui coûta beaucoup de monde, mais ajouta à sa réputation militaire. Il rejoignit le maréchal Ney dans les Asturies. Là ces deux maréchaux n'ayant pu s'entendre, Soult se retira sur Zamora et Ney sur Astorga.

Wellington qui avait cessé de poursuivre le maréchal Soult, après l'avoir rejeté hors du Portugal revint sur le Tage avec l'intention de se porter sur Madrid, de concert avec les armées espagnoles de la Manche et de l'Estramadure.

En conséquence, Soult reçut l'ordre de réunir les corps de Ney et de Mortier et de menacer le flanc et les derrières de Wellington.

Joseph au lieu d'attirer l'ennemi sur Madrid, pour laisser à Soult qui en était éloigné, le temps d'arriver, attaqua maladroitement Wellington dans la formidable position qu'il occupait à Talaveyra. Wellington, général très circonspect, battit en retraite et rentra dans le Portugal, dès qu'il eut connaissance de l'approche du maréchal Soult.

Les fautes commises dans cette campagne par le roi Joseph et peut-être aussi par le maréchal Soult, permirent aux armées alliées de se tirer du mauvais pas où elles s'étaient engagées. Une victoire remportée par le général Sébastiani à Almonacid et certains avantages obtenus par le maréchal Ney n'eurent d'autre résultat que d'amener pour quelque temps, au roi Joseph, la tranquille possession de Madrid.

La guerre de la péninsule où tant d'armées avancent et reculent alternativement, sont tour à tour victorieuses ou vaincues devient monotone, et il est difficile d'en retenir les phases successives, de la fin de 1809 au milieu de l'année suivante.

Suchet chargé de soumettre l'Aragon, après le départ de Lannes pour la grande armée, s'acquitta de sa mission avec un rare talent, et parvint à rétablir l'ordre dans cette province qui était alors un foyer d'insurrection et le centre d'une très grande agitation. En Catalogne, Saint-Cyr fit le siège de Girone où les habitants se défendirent, comme à Saragosse. Les deux tiers de la population avaient succombé lorsque la ville se rendit, après six mois d'une résistance héroïque.

Le récit de ces sièges et de ces combats attriste l'imagination, lorsqu'on réfléchit que la justice était du côté de ceux qui succombaient, après avoir montré tant de patriotisme et de courage !

⁂

Malgré la retraite de Wellington en Portugal, la *Junte* de Séville persista dans son projet de s'emparer de Madrid. Elle forma en conséquence, une nouvelle armée de 60,000 hommes qu'elle dirigea vers la Manche.

Soult, qui venait d'être nommé chef d'état-major du roi Joseph, mit cette armée en une déroute complète à Ocana. Ce grand succès ne fut pas plus décisif que tous ceux qu'on avait déjà remportés.

La *Junte* remplaça l'armée vaincue, par une autre.

Convaincu qu'il serait impossible de soumettre l'Espagne, tant que le courage des insurgés serait soutenu par la présence des Anglais, Napoléon auquel la paix de Vienne laissait toutes ses forces disponibles, résolut de les expulser du Portugal. Cette importante expédition eût exigé la présence de l'empereur, ou du moins, qu'il plaçât tous les corps d'armée destinés à la faire réussir, sous les ordres d'un même chef. Le vainqueur de Wagram resta à Paris et confia à Masséna et à Soult, le soin de chasser les Anglais du Portugal.

La principale armée forte de 70,000 hommes, fut confiée à Masséna dont le quartier général était à Salamanque depuis le 30 juillet 1808; Joseph et Soult en commandaient une deuxième dont l'effectif s'élevait à 55,000 hommes seulement.

Soult peu flatté de servir de second à Masséna, concerta avec Joseph la conquête de l'Andalousie. A cet effet, il franchit la Sierra-Morena et se présenta devant Séville, siège du gouvernement insurrectionnel. La *Junte* s'enfuit, mais les Français laissèrent échapper l'occasion de s'emparer de Cadix qui ne pouvait leur opposer qu'une faible résistance.

Cette faute sauva l'Espagne.

Les lettres de Giraud, à ce sujet, sont très explicites.

Salamanque, le 29 janvier 1810.

On parle d'un prochain mouvement dans la Galice. S'il se fait, comment correspondre avec les parents et les amis laissés en France ? La poste n'y est établie nulle part.

Enfin, le voilà conquis ce fameux grade de chef de bataillon après lequel je soupire depuis si longtemps et si impatiemment attendu [1]. Je remplace

---

1. Giraud est promu chef de bataillon le 28 décembre 1809.

à la tête du 2ᵉ bataillon, le commandant Rolland mort de maladie.

Les renforts nous arrivent : 68,000 hommes ont franchi les Pyrénées avec le maréchal Masséna qui, réunissant sous ses ordres, trois corps d'armée (le 2ᵉ, le 6ᵉ et le 8ᵉ) a pour mission de pénétrer en Portugal, par la rive droite du Tage, pendant que le maréchal Soult y entrera par la rive gauche.

Il faudra veiller au grain, pour que les Portugais ne me percent pas la peau.

On assure que l'empereur nous reviendra aussi sous peu, la paix imposée à l'Autriche lui donnant quelque repos. Sa présence vaudra ici toute une armée, les Espagnols ne l'aiment pas et espèrent que sa présence mettra fin aux maux dont ils souffrent.

Il ne faut pas trop se fier à leurs démonstrations d'amitié ; ce sont des feintes... On s'accorde à dire que cette dernière campagne sera la dernière et qu'avant peu, nous jouirons des bienfaits de la paix.

Qui vivra verra.

De Valladolid, à Salamanque, il n'y a point de grande route ; on ne suit que des chemins de traverse, presque impraticables, dans les mauvais temps, pour l'artillerie. La ville de Salamanque, célèbre par son université, est moins grande que Valladolid ; elle renferme, ainsi que toutes les villes et les bourgs de ce royaume, une immensité de vastes maisons religieuses, aujourd'hui habitées par nos soldats; sa place, ainsi que les églises conservées, sont superbes.

La rivière de Tormès arrose ses murs au midi et va se jeter dans le Douero au-dessous de Zamora, sur les frontières du Portugal. Les Anglais nous laisseront-ils y entrer sans coup férir? Je ne le pense point. Dans tous les cas, nous allons commencer, à leur barbe, le siège de Ciudad-Rodrigo; cette place prise, nous irons de l'avant...

Ma promotion au grade supérieur m'engage à poursuivre une carrière que j'aurais cependant bien désiré voir finir, il y a quelques mois. Il faut deux années de grade, pour toucher la retraite du grade dont on est titulaire, au moment où on quitte l'armée. Je verrai à me retirer dans deux ans.

Nous sommes sur les frontières du Portugal; nous nous attendons à chaque instant à recevoir l'ordre de pénétrer dans ce royaume pour en chasser les Anglais qui causent la ruine de l'Espagne et du Portugal.

Je tiens les postes avancés. Ce n'est pas une petite chose que d'être livré à soi-même, et de se procurer des vivres, des fourrages, pour les hommes, et les chevaux et cela où l'on peut. Ce n'est pas agréable, et c'est très épineux pour un coup d'essai.

Nous avons devant nous, deux places fortes;

Ciudad-Rodrigo, place espagnole à quatre lieues de mon cantonnement, et Almeida, place-frontière du Portugal à quatre lieues de Rodrigo. Cette dernière est plus forte que l'autre. L'attirail de siège est arrivé à Salamanque, et nous devons faire incessamment celui de Rodrigo. Je n'en ai pas bonne opinion; je crains que ce siège ne réussisse pas, l'armée anglo-portugaise, forte de 60,000 hommes, nous épiant et n'étant qu'à une faible distance de nous.

Quand nous partirons d'ici pour faire ces deux sièges, qui sait, quand j'aurai le loisir d'écrire.

San-Munas, près Salamanque, le 22 avril 1810.

Depuis que je suis chef de bataillon, je n'ai pas vu le colonel. J'ai toujours été détaché et réduit à mes seules inspirations. Ce n'est pas une mince préoccupation que celle de se procurer des vivres pour tout un bataillon et 200 hommes de cavalerie sous mes ordres. Quand je n'avais que ma compagnie, je n'avais à penser qu'à elle. Ma besogne est donc sextuplée, puisque j'en ai six auxquelles il faut songer.

Le général Marchand a quelque confiance en moi. Comme j'occupe le poste avancé, il me demande les renseignements chaque jour; m'a offert tout l'argent dont j'aurais besoin pour l'espionnage. J'ai déjà envoyé quelques espions en Portugal et l'état-major paraît satisfait des indications que je lui ai fournies sur la position de l'armée anglaise.

Ciudad-Rodrigo et Almeida sont deux places fortes sur les flancs de notre base d'opérations. Il nous faudra en faire le siège.

Quand sortirons-nous de ce maudit pays?

Siège de Ciudad-Rodrigo, le 8 juin 1810.

Les préparatifs de ce siège ont été longs et laborieux. Il a fallu faire venir de Bayonne tout le matériel, et cela par des routes sans cesse infestées par des guérillas, effondrées, crevassées par les pluies.

Le gouverneur Herrasty a profité de ce temps pour organiser la défense de cette place bâtie sur un mamelon de la rive droite de l'Agueda. Ce mamelon surplombe la rivière par des pentes escarpées.

Aujourd'hui, les travaux de siège avancent ; nous espérons que la place se rendra dans un mois, si toutefois, les Anglais qui ne sont qu'à quatre lieues de nous ne viennent pas entraver nos opérations, car les faubourgs adossés à la muraille de l'enceinte facilitent l'approche de l'assaillant, et la ville est dominée par les plateaux du grand et du petit Tesso qui sont évidemment le défaut de la cuirasse.

Le général Eblé, chargé de diriger les sièges des différentes places fortes de l'Espagne, est arrivé ici depuis quelques jours.

Le 3 juin, nous avons passé la revue du prince d'Essling, à portée du canon de la place. L'ennemi qui, ces jours derniers, tirait sur tous les buts qu'il apercevait, — même sur un seul homme isolé, — n'a pas osé tirer sur nous, ce jour-là, un seul coup de canon. C'était sans doute pour jouir du spectacle imposant de nos colonnes se déployant devant leur place, sans broncher et à portée du calibre de siège.

Tout le monde désire quitter ce pays, dussions-nous aller faire la guerre aux Turcs qui sont certainement moins barbares, moins cruels que cette engeance espagnole?

Les gazettes nous apprennent que des envoyés anglais traitent à Paris de l'échange de leurs prisonniers de guerre avec les nôtres. Mais est-ce bien à un secrétaire de légation à traiter de cet objet, quand les gouvernements ne sont pas d'accord? Pour nous, cette mission cache un autre but : sonder le terrain et voir si la paix ne serait pas possible. Les Anglais, comme nous, en ont, je crois, assez. Puissent ces messieurs s'entendre et traiter de la paix, au mieux des intérêts réciproques des deux nations.

Je viens de recevoir six aunes de drap et un chapeau. Ce n'est pas de trop, car ce que je porte n'est plus bon qu'à faire peur aux moineaux. Il faut avoir un besoin bien pressant de vêtements pour faire venir du drap de France. Le drap qui est de qualité très inférieur m'est revenu à quatre-vingt-dix francs l'aune; le chapeau à quatre-vingt-quinze francs, et quel chapeau!... Que faire?... Il faut pourtant bien s'habiller.

Le colonel Fririon est l'homme le plus aimable et le meilleur garçon que j'aie jamais connu. Toujours gai, toujours jovial, bien qu'il souffre de privations, comme nous, il s'ingénie à nous adoucir l'amertume d'une campagne dure entre toutes. Son frère est général de division, chef d'état-major de l'armée de Portugal. Le prince d'Essling lui porte un intérêt tout particulier; on attend d'un jour à l'autre sa nomination au grade de général de brigade. Ce sera certainement une perte pour le régiment. Je doute que son remplaçant ait les mêmes qualités que lui.

Ciudad-Rodrigo, 12 juillet 1810.

J'ai envoyé le 4 juillet, à Besançon, un mandat de douze cents francs et huit quittances de mon traitement de la Légion d'honneur pour les années 1808 et 1809. Plusieurs courriers ayant été arrêtés pendant l'intervalle, quatre dans moins d'un mois, je ne sais si mon envoi est parvenu à destination. Mais mes mesures sont prises : je me suis fait délivrer un duplicata ce matin, par le payeur de ma division.

Nous avons ouvert la tranchée, devant cette place, le 15 du mois dernier; le bombardement a commencé le vingt-cinquième jour; depuis, nous avons été continuellement sur pied.

La place de Ciudad-Rodrigo a fait une résistance à laquelle on ne s'attendait pas; mais, à bout de forces, elle arbora le drapeau blanc le 9 juillet, au moment où nos troupes se préparaient à monter à l'assaut. Déjà les colonnes, musique en tête, étaient rendues dans les tranchées. Elles se composaient des chasseurs du siège [1], sous les ordres du capitaine Sprinnling;

De 300 voltigeurs du 6ᵉ léger commandés par le chef de bataillon Delom;

---

1. Les chasseurs de siège formaient un bataillon composé des plus braves et des plus adroits tireurs de chaque régiment du 6ᵉ corps; ils avaient pour mission de tirer dans les embrasures de la place. Ils se logeaient dans des trous de loups à vingt toises des Glacis; de là ils tuaient les Espagnols qui incommodaient nos tranchées par leur tir incessant. (*Note de l'auteur.*)

De 300 grenadiers du 69ᵉ, commandés par le chef de bataillon Duthoyat.

Le 10 juillet, la place se rendait à discrétion, après quarante-huit jours d'investissement et vingt-quatre jours de tranchées ouvertes. Depuis trois mois, le 6ᵉ corps est à la demi-ration ; aucun régiment n'a reçu sa solde.

Après Ciudad-Rodrigo viendra Almeida, qu'il nous faudra prendre aussi. C'est la seule place entre le Douero et le Tage, excepté toutefois Abrantès, située sur la rive droite de ce fleuve, mais au delà des montagnes de Beira. Espérons que cette dernière ville ne fera pas la même résistance que la première, en raison des moyens d'attaque dont nous disposons.

III

EN PORTUGAL

Maîtresse de Ciudad-Rodrigo, l'armée du Portugal n'était pas pour cela maîtresse de la route de

Lisbonne. Il lui fallait encore faire le siège d'Almeida, la plus forte place du Portugal, que gardaient 6,000 soldats ou miliciens portugais, sous les ordres du colonel anglais William Cox.

Dans ses lettres de famille, le commandant Giraud nous donne une idée des misères de nos soldats et des difficultés vaincues dès l'entrée de notre armée en Portugal.

Au camp, sous Almeida, le 14 août 1810.

Je n'ai pas ôté mon pantalon depuis plus de deux mois. Je croyais qu'après la prise de Ciudad-Rodrigo on nous donnerait quelques jours de repos. Il n'en a rien été, et voici maintenant le quartier général du maréchal Masséna établi sous les murs du fort de la Conception. Un siège n'est pas plutôt terminé qu'un autre recommence. Notre armée serait donc destinée à remuer toute la terre de Portugal. Si cela continue, nous ne sommes pas prêts d'en finir, car nous aurions encore à enlever quarante-trois places ou châteaux-forts avant d'arriver à Lisbonne. Nous pouvons, dès lors, nous considérer comme des habitants du royaume des taupes et nous attendre à remuer la terre pendant toute la belle saison et une partie de la mauvaise.

Nous étions si mal en Espagne que nous désirions tous entrer en Portugal, espérant qu'on y serait mieux. C'est bien pire. Nous ne sommes pas à une journée de marche d'un village que tous les habitants l'ont abandonné, emportant avec eux toutes les ressources susceptibles d'être enlevées. Nos soldats sont obligés de couper eux-mêmes le blé, de le battre, de le moudre et de le manutentionner à l'aide de moulins fabriqués par eux, espèce de massif en maçonnerie dans lequel s'encastrait une meule faite d'une barre pivotant dans un écrou traversant une seconde meule superposée et mobile. Assez près de la circonférence de cette dernière, était placé un boulon qui, manœuvré à bras d'homme, lui imprimait un mouvement de va-et-vient.

Nous sommes conséquemment tombés de Charybde en Scylla.

Si pourtant les Portugais voulaient ouvrir les yeux, ils reconnaîtraient que les Anglais les abandonneront un jour à leur malheureux sort, comme ils ont fait des Espagnols.

Il fait ici une chaleur excessive; pas une feuille d'arbre n'ombrage la tranchée où nous sommes du matin au soir. Nous remuons la terre pendant douze heures, sous un soleil implacable. Ce siège est le plus pénible de ceux que nous avons eu à faire jusqu'à présent.

Dernièrement on m'annonçait de Bayonne, lieu de garnison du petit dépôt du 69e, un envoi de drap, d'épaulettes, de grenades, de cravates noires. Je n'ai encore rien reçu. Le transport des munitions qu'il a fallu faire, en a certainement retardé l'arrivée ici. Peut-être cet envoi m'arrivera-t-il dans le courant de septembre. Ce retard n'en est pas moins très contrariant, car ma tenue est excessivement négligée, faute de vêtements de rechange.

Ma paire d'épaulettes attendue me coûtera cent vingt francs et l'aune de drap cent francs.

Au camp, sous Almeida, le 28 août 1810.

Almeida a capitulé hier, après vingt-six heures de bombardement. Et maintenant, sus aux Anglais! Ils n'ont qu'à se bien tenir, s'ils ne veulent pas être jetés à la mer. Cette prise de possession va faire tomber toutes les autres places fortes et les obligera à battre en retraite devant nous. Leur conduite, jusqu'à ce jour, nous le prouve surabondamment, et, s'ils pouvaient se rembarquer, nous jouirions certainement ici d'une tranquillité relative.

D'un côté, la réputation du prince d'Essling, comme homme de guerre ; de l'autre, l'inaction de Wellington pendant les deux sièges de Ciudad-Rodrigo et d'Almeida ; voilà plus qu'il n'en faut pour assurer le succès de nos armes.

Ce siège a duré douze jours. Des ordres sont donnés : nous reprenons demain notre mouvement en avant dans la direction de Lisbonne ; les 6e et 8e corps (Ney et Reygnier) se dirigeant sur Pinhel et Viseu, le 2e (Junot) marchant sur Garda.

※

Mais, à la guerre, la fortune est inconstante : ses faveurs vont bientôt nous abandonner peu à peu.

Avant de reprendre la reproduction des lettres du commandant Giraud, disons en quelques lignes, quelle est, en septembre 1810, la situation des belligérants.

Sentant que le Portugal devait être la base de ses opérations, l'ennemi avait fait afficher partout, les 3 et 4 août que les habitants, sous peine de mort, étaient tenus d'abandonner les villes et les villages, de couper les routes et de fuir à notre approche, en emmenant leurs bestiaux et emportant avec eux les vivres dont ils disposaient.

L'armée française dut donc s'avancer au travers d'un pays dévasté, tout en luttant contre un ennemi discipliné et aguerri. Ces mesures violentes firent éprouver à nos troupes de grandes privations : un combat seul pouvait y mettre fin, du moins momentanément. Il eut lieu le 26 septembre sur le plateau de Busaco, massif montagneux dominant de trois cents pieds environ la vallée qui l'entoure.

La sierra Busaco, traversée par la route de Viseu à Coïmbre, court du sud-est au nord-ouest; son versant nord est hérissé de rochers abrupts surplombant des ravins profonds et broussailleux; quelques bouquets d'oliviers jetés çà et là au milieu des bruyères et des bois de sapin, sont les seules traces de culture que l'on y trouve. Un couvent, bâti au milieu d'un terrain de trente-deux hectares enclos de murs, s'élève à l'extrémité nord-ouest du plateau. Wellington nous y attendait pour nous barrer la route de Viseu.

Le 26 septembre, lorsque les deux armées sont en présence, un épais brouillard qui règne dans la vallée les masque l'une à l'autre. Masséna fait une reconnaissance. Il sait l'ennemi pas loin de lui; le même soir, il ordonne l'attaque du plateau pour le lendemain à sept heures du matin.

Deux chemins seulement conduisaient aux Anglais. Le 6ᵉ corps (centre de l'armée), aux ordres de Ney, eut pour mission d'attaquer de front; il se mit en marche, en colonnes profondes et échelonnées, par le chemin de Busaco, route de Viseu à Coïmbre, par Moirat, à l'ouest du couvent. Le corps Reygnier, dans le même ordre, prit l'offensive du côté de San-Antonio. Les escarpements rocailleux ne permettaient pas d'autres formations et l'artillerie ne pouvait suivre.

Nos soldats, dans un premier élan, culbutèrent la première ligne ennemie établie sur le versant, arrivèrent au sommet du plateau, hors d'haleine et un peu en désordre. Exposés bientôt à la mitraille d'une formidable artillerie et au feu de masses des bataillons ennemis, puis chargés à leur tour par des troupes fraîches fortement appuyées, nos régiments furent décimés en quelques minutes et obligés de redescendre dans la plaine, où on se borna à tirailler sur place.

Vers quatre heures, une trêve de deux heures fut convenue pour enlever les blessés et les morts. Nos pertes étaient déjà très sensibles. Le général Simon tué; les généraux Ferrey, Foy et Graindorge grièvement blessés; six à sept mille hommes hors de combat attestent à la fois l'héroïsme de nos soldats et l'impuissance de leurs efforts dans cette journée.

Masséna se trouvait alors dans une de ces situations qui font peser une immense responsabilité sur le haut commandement. Rester inactif et sans vivres, au pied des montagnes de Coïmbre; rétrograder en face d'un ennemi victorieux; repasser le Mondégo, pour agir sur la rive gauche, quand Wellington pouvait nous y prévenir par la ligne droite : tous ces partis étaient également dange-

Masséna à Busaco. p. 202.

reux. Fort heureusement, une reconnaissance faite par le général de cavalerie Sainte-Croix amena la rencontre d'un paysan qui lui indiqua un chemin à deux lieues de celui dont nous avions si témérairement disputé la possession, et qui conduisait à Coïmbre, par le défilé de Scardo; ajoutant qu'en « marchant vers la droite, on tournerait la position [1]. » La défense de ce point avait été assignée au corps portugais de Traut qui n'y était pas arrivé, soit que les ordres eussent été mal donnés, ou mal compris. Le défilé de Scardo n'était donc pas gardé.

Masséna n'hésita pas à exécuter ce mouvement de flanc qu'on lui signalait entre l'armée et la mer et monta à la nuit tombante sur le plateau de Busaco que l'ennemi évacua à notre approche.

Wellington avait beau jeu pour arrêter nos troupes marchant processionnellement dans un défilé, embarrassées de nombreux blessés et dépourvues d'artillerie; il pouvait nous assaillir sur tous les points; au lieu de cela, il nous laissa rejoindre la route de Lisbonne, où il tenait en réserve des chances de succès dont nous ne nous doutions même pas, et le 16, à la pointe du jour, l'armée anglo-portugaise se retirait sur Coïmbre.

Les gouvernements de France et d'Angleterre

---

[1]. Ce mouvement de flanc est celui que Marmont appelle dans ses mémoires : *la manœuvre du paysan* (t. IV, page 25).

s'attribuèrent tour à tour la victoire de Busaco. La vérité est que, dans cette bataille deux chefs d'armée, justement illustres l'un et l'autre, ont commis des fautes qui rendaient la victoire équivoque, tant est difficile l'art de la guerre.

Le commandant Giraud rend compte ainsi de l'affaire de Busaco.

Busaco, le 27 septembre 1810.

Nous sommes tantôt cantonnés dans les maisons, tantôt établis au bivouac, au milieu des champs. Almeida ayant capitulé le 27 août, c'est le 5 septembre que notre marche sur Lisbonne a commencé. Nous espérons y être rendus à la fin du mois.

Notre premier objectif a été Coïmbre, que couvrait l'armée de Wellington qui cédant le terrain peu à peu, nous attendait sur les hauteurs de Busaco, route de Viseu. Les Anglais défendaient le couvent de la Chartreuse qui couronne la *sierra* au nord-ouest du plateau. Nous les en avons chassés aujourd'hui, 27 septembre. Demain, l'armée anglo-portugaise tournée sera obligée de se retirer sur Coïmbre.

Dans nos bivouacs, presque à toutes les heures, des détachements de troupes en partent, tandis que d'autres y rentrent. Cette vie a ses maux, elle a aussi ses charmes : chaque jour cependant nous perdons des hommes d'élite difficiles à remplacer. Quand nos hommes à la maraude échappent au poignard des assassins, la faim et les privations les guettent.

Lignes de Torres-Vedras, novembre 1810.

Le 6ᵉ corps a quitté Coïmbre le 6 octobre, est arrivé le 11, en vue des fameuses lignes de Torrès-Vedras.

Toute communication est interrompue avec la France, dont on n'a reçu aucun courrier depuis le 16 septembre. Aucune réquisition n'est possible, les habitants ayant emmené leurs troupeaux dans les bois. La maraude est dès lors organisée à titre de service journalier. Des détachements s'éloignent à trois ou quatre jours de leur cantonnement, ou de leur bivouac pour s'y ravitailler. Plus d'un tiers de nos troupes se trouve ainsi dispersé loin du drapeau, tandis que l'autre est à la disposition de l'ennemi.

Quelle est l'importance des lignes de Torrès-Védras? Giraud ne le dit pas dans ces lettres, complétons cette indication par les renseignements suivants, car cette expédition en Portugal était entreprise, sans que Masséna en ait eu connaissance.

Ces lignes se composaient, de cent cinquante-deux ouvrages armés de six cent vingt-huit pièces d'artillerie. Napoléon lui-même n'en avait connu l'existence qu'en passant à Leyria.

Il avait dit à l'Europe : « Je planterai mes aigles sur les remparts de Lisbonne. » Quand on prétend à la domination du monde, il est indispensable de connaître avec exactitude, les événements qui se lient aux conceptions que l'on a en vue. Mais déjà l'empereur avait contracté l'habitude de ne croire qu'à ce qu'il souhaitait ; il repoussait tous les avis qui ne flattaient pas sa dévorante ambition. Malgré son génie, il était sous l'influence de détestables flatteurs. Fatalement ébloui par le pouvoir absolu dont il était pourvu, Napoléon avait laissé Masséna partir de France, sans lui signaler la position retranchée et à peu près inexpugnable que s'étaient assurée les Anglais aux extrémités de la péninsule.

Masséna devait-il suppléer par son initiative individuelle aux lacunes des instructions impériales. Oui... Le général auquel sont confiés le salut et la gloire d'une armée, ne doit accepter la confiance d'un souverain imprudent et imprévoyant que sous bénéfice d'inventaire, d'autant que le prince d'Essling n'avait accepté le commandement en chef de l'armée de Portugal qu'à son corps défendant et avec l'assurance que toutes les difficultés étaient aplanies, en ce qui concerne la sécurité du pays.

Une fois sur les lieux, il se trouva dans une contrée fanatisée, ravagée par le fer et par le feu. Impossible de trouver dans le pays un seul espion. Les officiers de la légion portugaise d'Alorna restés fidèles à notre cause ne prêtaient aux généraux français qu'un concours médiocre. Les prisonniers eux-mêmes, ne donnaient que des renseignements imparfaits sur les travaux auxquels la plupart étaient restés étrangers.

Dans ces conditions, l'armée française arrivant le 14 octobre 1810 devant Alhambra et Serbal, se trouva déconcertée, quand elle aperçut les Anglais retranchés derrière les formidables remparts de Torrès-Vedras.

Grand surtout, fut le désappointement du duc d'Essling, justement fier de la vaillance de ses soldats, quand il vit que la bataille décisive sur laquelle il comptait pour brusquer le dénouement, allait lui échapper.

Et cependant cette armée française convaincue de sa supériorité sur celle de l'ennemi, était pleine d'ardeur et de confiance.

Mais avant de prendre une détermination dans le sens de l'offensive, Masséna, en homme prudent et énergique assigna des emplacements provisoires à ces trois corps d'armée; puis il fit lui-même la reconnaissance des retranchements qu'il avait devant lui, et dont il ne soupçonnait pas l'existence. Il consacra huit jours à faire cette reconnaissance sur l'un et l'autre versant.

Le 16 octobre, il observait avec une longue-vue appuyée sur un mur peu élevé, une batterie anglaise qui, en raison de sa situation, dominait toute la campagne environnante. Son état-major et lui formaient un groupe très distinct et facile à reconnaître par les panaches qui voltigeaient au vent. Un boulet lancé avec une précision mathématique tomba au pied du mur derrière lequel se tenait le maréchal. Le mur s'effondra couvrant de débris de pierres et de poussière les officiers qui l'entouraient. C'était un avertissement de l'officier qui commandait la batterie ennemie. Masséna comprit, salua la batterie anglaise et se retira.

Le lendemain, un boulet parti des rives du Tage, vint frapper à mort le général Sainte-Croix auquel le plus brillant avenir semblait réservé. La cavalerie fut particulièrement sensible à cette perte, bien que son remplaçant, l'intrépide Montbrun fût doué au plus rare degré, des qualités que réclame le commandement d'une arme toute-puissante, quand elle est maniée par un cavalier habile et audacieux.

L'art et la nature semblaient avoir rivalisé, pour rendre inabordables les lignes auxquelles la ville de Torrès-Vedras avait donné son nom. Ces immenses travaux barraient en avant de Lisbonne, le promontoire formé par l'extrémité de l'Estreillo, entre l'océan et la mer de la Paille, (en d'autres termes, les eaux épanchées du Tage).

La première ligne des retranchements s'étendait de Torrès-Vedras, à Alhambra. L'escarpement des collines, en certains endroits, avait été augmenté par des travaux de terrassement. Tous les passages étaient fermés par des redoutes, et sur les principales élévations du terrain, on avait construit des forts armés de pièces de gros calibre. Au point de partage entre les deux versants, sur le plateau de Serbal, plusieurs ouvrages fortifiés, protégés par une véritable citadelle élevée au sommet du Monte-Agraca, formaient une nouvelle et formidable ligne de défense.

Plus en arrière, se prolongeant jusqu'à la mer, se trouvait une troisième chaîne de hauteurs défendue par le Zizambro qui en baignait les pieds.

Une armée de 70,000 combattants, dont 50,000 de bonnes troupes bien approvisionnés, défendaient ces retranchements dont l'armement s'était successivement accru jusqu'à 700 bouches à feu. Des instructions sagement méditées avaient prévu, en cas d'attaque, tous les moyens de ralliement et de résistance à employer.

L'armée française, au contraire, était réduite à 45,000 hommes. Comment tenter avec de si faibles forces, l'attaque de vive force de ces colossales lignes de défense, quand elle ne possédait qu'une seule rive du Tage. Masséna en reconnut de suite l'impossibilité. Il résolut donc de les observer, en prenant position en face d'elle.

Que faire? opérer une retraite opportune, en présence d'obstacles insurmontables, eût été peut-être le comble de la sagesse; on rétablissait ainsi avec l'Espagne, des communications interrompues depuis le départ d'Almeïda. Aucun courrier de France n'était arrivé à l'armée de Portugal depuis le 16 septembre. Cet avis était celui de Junot et de Reygnier fortement appuyés par le maréchal Ney dont le penchant à l'opposition avec Masséna est bien connu.

L'âme de Masséna n'est point au-dessous de ces épreuves; il ne prend conseil que de lui-même, et sans renoncer à une attaque ultérieure, il forme la résolution de bloquer les Anglais dans leurs lignes, espérant que des renforts ne pouvaient manquer de lui arriver. Il fait prendre des cantonnements à ses troupes, sur le Tage, de Santarem à Abrantès; il est résolu à se frayer un passage sur l'Alentejo, afin de prendre possession des deux rives du Tage, s'il est possible; — il confie la difficile mission d'établir un pont sur le fleuve, au général d'artillerie Ebbé, l'un des types les plus admirables de l'homme de guerre.

Pendant plus de cinq mois, la situation des belligérants en face l'un de l'autre va se borner à quelques escarmouches, tantôt d'un côté, tantôt d'un autre.

On était séparé de Salamanque par une distance de cent lieues; les ressources en vivres s'épuisaient, Masséna se décida enfin à concentrer ses troupes un peu plus en arrière, tout en bloquant les lignes de Torrès-Vedras.

C'est ainsi que le corps d'armée du duc d'Elchingen (Ney) fut amené le 14 novembre à se mettre en route pour s'établir entre Santarem et Thomar.

Reprenons maintenant les lettres de Giraud.

Thomar, le 25 février 1811.

Les difficultés de correspondre avec la France deviennent de plus en plus grandes. Nous en sommes réduits à ne plus attendre le départ du courrier de l'état-major, mais à profiter de toutes les occasions particulières qui s'offrent à nous, tels que détachements d'écloppés ou convois de malades, rentrant en France, sous la conduite d'officiers allant dans leur famille, jouir d'un repos bien gagné.

Le quartier général du prince d'Essling est à Santarem. Un instant, nous avons entrevu la possibilité de pouvoir remplacer les ressources de la maraude par un service régulier de l'administration des subsistances. C'était là une illusion. Le corps administratif se borne à l'alimentation des hôpitaux et du grand quartier général. Le maréchal Masséna dans sa sollicitude éclairée pour tout ce qui concerne son armée a donc assigné à chacun de ses généraux un territoire déterminé et la maraude continue. Chaque corps d'armée s'est ainsi constitué une réserve de biscuits pour quinze jours dans ses magasins; mais nos hommes se ravitaillent en légumes et bestiaux, à l'aide de la maraude. Je dois dire cependant que s'ils échappaient au frein de la discipline, ils étaient toujours prêts à rentrer dans le rang, pour combattre.

Le 26 décembre dernier, l'état-major de Santarem avisait le maréchal Ney que le général Gardanne, ancien gouverneur des pages de l'empereur, s'était avancé jusqu'à Punhete à la tête d'une colonne de 2,000 hommes, et qu'au lieu de se mettre en communication avec les avant-postes de l'armée de Portugal, il avait tout d'un coup rétrogradé vers l'Espagne, sur de faux rapports qui lui donnaient l'assurance de la retraite de nos troupes. Cette nouvelle nous a tous plongés dans la plus grande consternation.

Gardanne avait jugé prudent de se rallier au 9ᵉ corps que commandait à Salamanque, le général Drouet comte d'Erlon, qui avait sous ses ordres les deux belles divisions qui s'étaient illustrées en 1809 à Essling, sous les ordres du maréchal Oudinot, duc de Reggio.

Peu après on nous annonçait que le comte d'Erlon nous amenait un renfort de 20,000 hommes, avec une nombreuse artillerie et des provisions de toute nature. Cette nouvelle coïncidait avec l'achèvement du pont de bateaux que le général Ebbé avait jeté sur le Tage. Nous allions donc enfin, reprendre l'offensive, et le succès n'était pas douteux, pour quiconque connaissait Masséna, dont la haute renommée inspirait une confiance absolue, malgré les rivalités jalouses dont il était l'objet, depuis son entrée en Portugal. Notre enthousiasme eût pu enfanter des prodiges; pourquoi hélas! faut-il qu'il ait été stérile!

Le commandant Giraud ne s'expliqua pas la stérilité des efforts de l'armée de Portugal. A nous d'en donner les raisons, en passant.

D'abord les 30,000 hommes de Drouet se réduisaient à 6,000 combattants appartenant à la division Couroux; puis le major-général Berthier dans ses instructions s'exprimait ainsi : « L'intention de l'em-
» pereur n'est pas que le 9ᵉ corps, s'engage en
» Portugal, à moins que les Anglais ne tiennent
» encore, et même dans ce cas, il ne doit jamais
» se laisser couper d'Almeïda, mais manœuvrer
» entre cette place et Coïmbre. »

Au reçu de ces nouvelles, le prince d'Essling dépêcha au commandant du 9ᵉ corps, le major Casabianca, un de ses aides de camp, pour lui faire connaître qu'il « tiendra ferme vis-à-vis des Anglais en attendant les renforts et que s'il ne trouvait pas l'occasion de les attaquer avec avantage, il passerait l'hiver dans ses positions. »

Le comte d'Erlon, sur les instances de Masséna, donna l'ordre à la division Claparède de s'emparer de Garda, au débouché de la sierra Estrella, de châtier les milices qui tenteraient de s'interposer entre lui et les troupes de l'armée de Portugal.

En prévision d'une offensive prochaine, Masséna à la fin du mois de janvier 1811, se jeta dans l'Alentejo, à l'effet de manœuvrer sur les deux rives du Tage, jusqu'à l'arrivée des secours promis et attendus. Les 2ᵉ et 8ᵉ corps passèrent donc le fleuve, avec l'ordre de se relier aux troupes du comte d'Erlon, et au 6ᵉ corps (Ney) qui faisait le siège d'Abrantès.

Sur ces entrefaites, Wellington recevait des nouvelles troupes, et comme s'il eût pressenti nos projets, il opéra, pour les déjouer différents mouvements de concentration qui forcèrent le duc d'Essling à faire reconnaître le cours du Rio-Major. C'est dans une de ces reconnaissances que Junot reçut à la racine du nez, une balle qui le força à remettre le commandement au général Clauzel. Nul ne prévoyait alors que cette blessure en apparance légère, aurait la plus funeste influence sur les facultés de l'ancien camarade du commandant Bonaparte au siège de Toulon, et serait à peu d'années d'intervalle la véritable cause de la mort prématurée de Junot.

De son côté, le major général Berthier avait prescrit au duc de Dalmatie, de se mettre en communication avec Masséna et de concourir à forcer les Anglais à se réembarquer. « Toutes considéra-
» tions, — ajoutait-il, — doivent disparaître devant
» cette nécessité, et l'exécution des mouvements
» que je vous prescris vous permettra de marcher
» de l'avant. »

Durant ces alternatives d'espoir et d'inquiétude, le général Ebbé, homme aux vertus antiques, poursuivait son but avec une ardeur sans égale. Privé de tout, il suppléa à tout. Obligé de former des ouvriers, de fabriquer des outils, de couper des arbres, d'en débiter le bois, de faire filer le chanvre et de le convertir en cordes, il conduisit miraculeusement à bonne fin les travaux de construction de son pont qui fut entièrement achevé à la fin du mois de janvier 1811. Le nombre des bateaux était suffisant; de plus, les formidables retranchements élevés par les Anglais rendaient presque impossible le passage du Zézère, en face de Punhète. La pensée de franchir le Tage à Montalvas ou à Santarem, apparut successivement au duc d'Essling qui crut devoir suspendre momentanément ses opérations, dans l'espoir qu'elles seraient facilitées par la coopération prochaine de l'armée du maréchal Soult.

Vain espoir! Le duc de Dalmatie se refusa à envoyer sur le Tage le 5ᵉ corps, commandé par le duc de Trévise et primitivement désigné. « Il y a,
» — écrivait-il au major général, — un intérêt su-
» périeur à pourvoir de garnisons les cinq places
» fortes qui garnissent la frontière de ce côté; il
» faut s'en emparer, avant d'entreprendre en Por-
» tugal, des incursions qui seraient inutiles pour
» sauver Masséna et désastreuses pour l'armée du
» midi. »

Le prince d'Essling pressentant ce refus de con-

cours, sans en avoir la certitude, et voulant en avoir le cœur net, écrivit, de son côté, au duc de Trévise : « J'attends de vos nouvelles, avec la plus
» vive impatience, mais la meilleure que vous puis-
» siez me donner, c'est de me dire que vous vous
» rapprochez de nous. »

Cette lettre resta sans réponse. Masséna n'en est pas moins résolu à tenter le passage du fleuve; mais il veut avant, s'assurer qu'il trouvera dans les généraux sous ses ordres, un dévouement absolu. A cet effet, il les convoque le 17 février à Golgao, chez le général Loyson qui commande la 2º division du corps Ney, pour y recueillir leur avis, à la suite d'un entretien sur la situation actuelle de l'armée de Portugal. Après un long déjeuner, affranchi par conséquent de la solennité d'un conseil de guerre, il leur exposa avec sincérité que l'armée ne pouvait plus vivre dans ses positions, et qu'il fallait, soit se retirer sur le Mondégo, soit tenter le passage périlleux du Tage.

Le général Foy, dont la parole devait avoir une grande autorité dans cette conférence, rappela avec une chaleur entraînante que l'empereur attachait la plus grande importance à l'évacuation des Anglais du Portugal, qu'il fallait les chasser de la péninsule, et qu'il comptait pour ce résultat, sur les efforts combinés des armées du Portugal et du midi.

C'était se prononcer pour la prise de possession des deux rives du Tage.

On dut alors discuter les moyens de passer dans l'Alentejo, car malgré les distances, la pensée de l'Empereur était toujours omnipotente. « — Sans doute, — objecta Ney ; mais avez-vous pensé aux difficultés que présenteront l'une ou l'autre des deux propositions qu'on nous présente? En supposant que le passage du Tage réussisse, nous voici, avec 55,000 hommes, — y compris les renforts amenés par le général Foy, — obligés de nous fractionner, pour faire face à une armée de 100,000 combattants. Un danger d'un tel morcellement est évident pour les esprits les moins clairvoyants. »

Bref, on se rallia au projet qui laissait cette question intacte. Une fois de plus, on eut là une preuve que les assemblées délibérantes sont impuissantes à trancher les questions difficiles quand le chef lui-même est incertain et ne prend pas l'initiative des mesures qu'il propose. Masséna fut seulement interpellé pour qu'il prolongeât le *statu quo* jusqu'à l'épuisement absolu des vivres, et jusqu'à ce qu'on ait acquis la certitude soit de la coopération du 5ᵉ corps, soit de l'impossibilité du concours promis.

On se sépara sur cette dernière résolution. La conférence de Golgao eut du moins cet avantage de mettre en évidence le jugement droit et ferme, le coup d'œil pénétrant du duc d'Essling dont le caractère fut soumis là à une douloureuse épreuve ; car il ne se soumit qu'à l'indomptable nécessité.

A ce moment-là, les vêtements et les chaussures de nos soldats étaient dans le plus triste état. Les hommes réparaient leurs souliers avec des débris de cuir ramassés çà et là ; quelques-uns portaient des sandales faites de peaux d'animaux ; ils raccommodaient leurs vêtements avec des draps de toutes couleurs... On pouvait dire d'eux ce que depuis le poète Richepin a dit des *gueux* :

> Ils ont pour cravate une loque ;
> Leurs habits sont vieux et souillés ;
> Et leur pantalon s'effiloque
> Sur le rire de leurs souliers.

Et les officiers faisaient comme les soldats.

Le 25 février, Masséna fit savoir aux généraux Reynier et Clausel qu'il attendait des nouvelles de l'empereur du 5 au 10 mars, et il leur demandait si, en consommant une partie de leur biscuit de réserve, ils pourraient rester dans leurs positions jusqu'à cette époque. Reynier déclara que le seul moyen de tenir jusqu'au 10 mars, était de consommer toute la réserve ; Clausel répondit qu'à compter du 1er mars, il n'aurait plus de pain, que sa cavalerie et une partie de son infanterie manqueraient de viande et que les bataillons étrangers étaient dans un dénûment absolu de toutes choses.

A cette situation extrême, il fallait un remède radical; la retraite sur l'Espagne fut ordonnée. Des ordres furent immédiatement donnés; elle commença le 5 mars, par la route de Coïmbre. D'abord, les malades et les blessés chargés à dos de mulets; puis le grand parc et les bagages; le lendemain le gros de l'armée. Le 6e corps formant l'arrière-garde partit le 6 mars et se couvrit de gloire pendant cette retraite qui dura jusqu'au 4 avril.

Au moment d'entreprendre ce mouvement rétrograde, Masséna confia au général Foy la mission de se rendre à Paris, pour y faire connaître à l'empereur les motifs de cette détermination. Il suppliait Sa Majesté de lui envoyer immédiatement des ordres, l'armée ne pouvant rester que cinquante jours au plus dans les positions qu'elle allait prendre. Il chargea en même temps le chef d'escadron Rénicle de se rendre en Espagne, pour demander avec instance au duc de Dalmatie de faire parvenir à l'armée de Portugal des vivres dont il avait le plus grand besoin, et cela par tous les moyens possibles. Ebbé eut la pénible mission de détruire les travaux sur lesquels l'état-major général avait fondé tant d'espérances; les ponts furent brûlés le 7, de grand matin, et toute communication cessa sur les deux rives du Tage, entre les Anglais et notre arrière-garde qui était le 8 à Leyria, le 9 et le 10 à Pombal.

Masséna voulait s'arrêter à Pombal le temps nécessaire pour jeter un corps de troupes dans la vallée autour de Coïmbre. Il avait chargé à cet effet le général de Montbrun de reconnaître les gués du Mondégo, et le colonel Valazé du rétablissement du pont de Coïmbre démoli en partie par les Portugais. Il fit prévenir de ses intentions le maréchal Ney qui répondit par cette dépêche laconique : « Le comte d'Erlon m'avise de son départ de Pombal pour Viseu, le 10, à minuit. Impossible de faire autrement que de le suivre. »

Il y avait là désobéissance flagrante à des ordres donnés; désobéissance d'autant plus grave que les Anglais qui ne nous avaient pas attaqués dans nos bivouacs, en avant des lignes de Torrès-Vedras, s'étaient mis à notre poursuite, et que nous devions les retrouver le 11, à la sortie du défilé de Pombal, prêts à nous en disputer le passage.

A cette nouvelle aussi foudroyante qu'inattendue, Masséna monta à cheval et se rendit en toute hâte chez le duc d'Elchingen; il fit mander le comte d'Erlon et là, dans un langage énergique auquel la gravité des circonstances donnait une réelle autorité, il fit appel à tous les sentiments d'honneur et de patriotisme à mettre en avant, en pareil cas. Le général Drouet resta inébranlable dans sa résolution. A chaque question que lui posait le prince d'Essling, il répondait invariablement : « J'exécute les ordres du major-général. »

« — Et alors qui est-ce qui commande ici? objecte Masséna au paroxisme de l'indignation. Est-ce le prince de Neuchâtel ou moi? »

Ney, pendant tout ce colloque, resta impassible; son indifférence fut telle que le prince d'Essling, dans sa légitime exaltation, l'interpella en ces termes, en le quittant : « Eh bien! Monsieur le maréchal, il faudra suppléer à cet inqualifiable abandon que rien ne justifie. Demain, nous reconnaîtrons ensemble la position de l'ennemi en avant de Pombal et nous le battrons. »

Cet ordre fut confirmé par écrit au duc d'Elchingen qui répondit le 10 à huit heures du soir : « Le comte d'Erlon partant à minuit, il m'est impossible de rester davantage en présence de l'ennemi. » Puis, se tournant vers ses officiers d'état-major, il ajouta : « Ce diable de Masséna persiste à tenir en Portugal. Qu'y gagnerons-nous derrière le Mondégo? La misère. La raison et le bon sens commandent de filer sans retard sur Salamanque, au lieu de nous faire éreinter par des forces supérieures! » Paroles imprudentes qui n'eurent, hélas! que trop d'écho.

Ney, qui s'était mis dans la tête de ne pas défendre sérieusement Pombal, fit incendier la ville, et lorsque l'ennemi s'y présenta le 11 au matin, il n'y eut qu'un combat d'arrière-garde absolument insignifiant, Ney ayant écrit au prince d'Essling quelques heures avant d'en sortir : « Il se peut que je sois obligé de battre en retraite; dans ce cas, nous marcherons lentement et nous disputerons le terrain. »

« — Redinha, répondit Masséna, a une très grande importance stratégique; nous ne pouvons l'abandonner qu'après avoir reconnu l'impossibilité de nous mettre à cheval sur le Mondégo. Il faut donc bien défendre cet étroit défilé; aussi devez-vous vous placer en avant et non en arrière; sans cela, vous seriez jeté de suite sur Condeixa. »

Le 12 mars, le duc d'Elchingen qui s'est mis en marche à quatre heures du matin sur Redinha est attaqué à six heures par Wellington qui lui oppose trois formidables colonnes appuyées à de solides réserves. La 1re division (Marchand) prit position sur les hauteurs de la rive droite, pendant que la 2e division (Mermet) tenait tête aux Anglais. Le combat s'engagea d'abord avec assez de timidité. Mais Ney, tacticien aussi habile qu'entreprenant, savait tirer un parti merveilleux d'un terrain accidenté, favorable à l'impétuosité française. Passant alternativement de la défensive à l'offensive, il lança tour à tour et à propos sur l'ennemi, les différentes armes, dans les conditions les plus avantageuses à leur action.

Témoin de ces belles manœuvres, et confiant dans les succès de la journée, Masséna se rendit à Condeixa où sa présence était vivement réclamée par Montbrun qui y réunissait à la hâte, les matériaux nécessaires au passage de la rivière.

L'ennemi s'efforça de déborder nos ailes ; notre artillerie bien placée déjoua toutes leurs tentatives. Vers trois heures, la division Marchand franchit le pont, se replia sur les hauteurs en arrière de Redinha, couvrant la sortie du défilé, pendant que la division Mermet avec trois régiments de cavalerie et quatorze bouches à feu, en couvrait l'entrée. Ce mouvement de retraite ne put laisser l'ennemi impassible ; Anglais et Portugais s'élancèrent simultanément sur nos positions. Le 3ᵉ régiment de hussards (colonel Laferrière-Levêque) rapide comme l'éclair se précipita sur cette infanterie qu'elle rejeta en désordre sur la seconde ligne anglaise ; action instantanée et décisive qui fit briller d'un vif éclat la puissance d'une cavalerie obéissant à une direction audacieuse et expérimentée.

A quatre heures, la division Mermet franchissait le pont à son tour. Les Anglais s'élancèrent aussitôt pour le passer à sa suite ; mais ils furent brusquement arrêtés par les feux étagés de la division

Marchand qui arrêta pendant plus de trois heures, toute l'armée de Wellington.

L'honneur des armes prescrivait au généralissime anglais de ne pas rester plus longtemps en échec devant des adversaires si inférieurs à lui par le nombre. Attaquée par les forces anglaises et portugaises réunies, la division Mermet se retira lentement en échelon, par régiment derrière les troupes de Marchand qui exécutèrent ainsi que nous l'avons dit ci-dessus, des feux meurtriers et nourris. Notre cavalerie exécuta son mouvement de retraite avec un calme inébranlable et une attitude non moins fière que celle des troupes à pied.

Quand la 2ᵉ division fut en sûreté, Marchand se replia sur Pressa, à deux kilomètres de Redinha. Les Anglais vinrent camper en face de lui.

Gloire au 6ᵉ corps ! L'admiration que la postérité ne peut manquer d'avoir pour son héroïque chef serait sans mélange, s'il avait su maintenir sa position en avant de Redinha. Malheureusement, il incendia ce pauvre bourg, et cette belle défense ne fut qu'un stérile succès.

Pendant que se livrait le combat de Redinha, Montbrun s'était porté sur les hauteurs de Coïmbre ; il en avait débusqué quelques détachements portugais, et le 12 il écrivait à Masséna que le colonel Valazé pouvait aisément construire un pont de dix chevalets, en face de Pereira, dans un délai de trente-six heures. Le prince d'Essling tout en regrettant que le duc d'Elchingen n'ait pas conservé ses positions, en avant de Redinha pouvait donc encore espérer que le mal n'était pas irréparable. A cet effet, il démontra au maréchal Ney la nécessité qu'il pouvait y avoir pour l'armée, à ce qu'il tienne l'ennemi en échec jusqu'à ce que le pont à établir à Pereira, soit terminé et puisse livrer passage aux troupes, et il ajouta dans sa dépêche, au duc d'Elchingen : « J'attends donc de vous, en avant de Condeixa, une résistance vigoureuse et d'autant plus facile que le 6⁰ corps vient d'acquérir sur l'ennemi un glorieux ascendant par sa belle défense de Redinha. Toutes mes dispositions sont prises, pour qu'aucune tentative ennemie ne puisse vous séparer du gros de l'armée. »

Ney, suivant son invariable habitude, fit des objections au maréchal commandant en chef, qui chercha à les dissiper par des marques réitérées de confiance et d'estime, dans un entretien qu'il lui demanda et qui se termina par ces paroles du duc d'Elchingen :

« — Toute l'armée alliée est là ; je promets de tenir pendant la journée de demain, le plus longtemps possible.

« — La gloire que vous en acquérerez en sera plus grande, maréchal, — répondit Masséna. — *Je compte sur vous.* »

Généreuse illusion qui devait être de courte durée.

Masséna se crut obéi. Il fit appuyer fortement Ney sur sa gauche, par les divisions Clausel et Loyson; une brigade, placée entre les vallées de la Sourre et de la Seyra, liait le 6ᵉ corps au 8ᵉ (Reynier).

Mais à peine le prince d'Essling a-t-il quitté le duc d'Elchingen que celui-ci reçut avis que la division anglaise Picton se montrait dans la direction de Miranda de Corvo. Ney en conclut que ce mouvement avait pour objet de tourner la gauche du 6ᵉ corps, et d'enlever ses bagages en l'isolant. Il se trompait. Picton allait tomber sur les 6,000 hommes de Clausel et de Loyson, au milieu desquels se trouvait Masséna. Sans s'arrêter à cette pensée qui était toute naturelle, le commandant du 6ᵉ corps, donna immédiatement des ordres de retraite et en prévint le prince d'Essling, par le billet suivant : « J'évacue Condeixa. L'ennemi manœuvre sur ma gauche, et dirige une forte colonne sur Fuente-Cuberta. J'envoie une estafette à Montbrun, pour l'engager à se replier sur Miranda de Corvo. »

Étrange contradiction du cœur humain! Ney, cet

éminent homme de guerre, dont la fermeté était inébranlable en face des périls extrêmes, s'abandonnait avec une incroyable facilité au découragement, en dehors du champ de bataille. De plus, il avait pris le Portugal en aversion, et depuis Pombal, son unique préoccupation était d'empêcher l'établissement de nos troupes sur la ligne du Mondégo.

Le même soir, en effet, le chef d'état-major Fririon en parcourant les positions occupées par les avant-postes de Masséna, constata que les hauteurs de Fuente-Cuberta étaient dégarnies de troupes, et en rendit compte au prince d'Essling.

Ce dernier, dans un moment d'indignation facile à comprendre, croyant à la nécessité d'un exemple éclatant et immédiat, eut la pensée de remplacer Ney dans son commandement. Le général Fririon parvint cependant à calmer l'explosion de douleur concentrée de Masséna qui se borna dans cette circonstance, à exprimer son mécontentement à Ney d'avoir abandonné Condeixa, en l'incendiant; il lui donna l'ordre de s'établir à deux lieues en avant de Miranda de Corvo, le prévenant que Regnier serait le 16 à San-Miguel-de-Pojarès, le 6e corps à Foz-d'Arunce, et qu'il prendrait les dispositions nécessaires pour assurer la jonction du 8e corps avec la cavalerie de Montbrun.

Ces dispositions bien arrêtées et bien convenues,

Masséna quitta *tranquillement Fuente-Cuberta* et ordonna la retraite sur Casal-Novo, où nous allons voir Ney retrouver toute la puissance de ses facultés guerrières, bien que satisfait intérieurement d'avoir mis obstacle aux combinaisons stratégiques du commandant en chef de l'armée en Portugal.

Le 14 mars, dès cinq heures du matin, à la faveur d'un épais brouillard, les Anglais assaillissent le 6ᵉ corps dans ses positions de Casal-Novo. Ney, malgré l'obscurité, fit manœuvrer ses divisions avec une précision et un ensemble qui provoquèrent l'admiration des deux armées. Il masse tous ses échelons à l'abri des mouvements du terrain, et attend l'ennemi de pied ferme. Lorsque ce dernier se présente, il exécute son mouvement de retraite sur Miranda de Corvo, comme il l'aurait fait sur un champ de mars. Les 1ʳᵉ et 2ᵉ divisions, ainsi que la cavalerie soutiennent la retraite successivement et défendent le terrain pied à pied jusqu'au soir, n'abandonnant une position que pour en prendre une nouvelle, y recevant l'ennemi par des feux bien dirigés et exécutant la retraite dans le plus bel ordre. Les troupes du 6ᵉ corps furent, dans ces divers engagements, dignes de leur illustre chef, surtout le 3ᵉ hussards, entraîné par le colonel Laferrière qui, quoique blessé au début de l'action par deux coups de feu qui lui traversèrent le corps, chargea à fond de train le 52ᵉ régiment anglais, témérairement engagé contre la brigade Ferrey.

Nos soldats faisant illusion aux différentes positions qui furent successivement occupées et défendues, nommèrent ce combat, dans leur langage imagé, *la journée des positions.*

Cette affaire de Casal-Novo eut pour résultat de donner à nos convois le temps de rallier la tête de l'armée; à Reynier, la possibilité de déboucher entre Miranda de Corvo et Foz-d'Arunce; à Montbrun la facilité de remonter en toute hâte le Mondégo et de faire à Chaio-de-Lamas, sa jonction avec la division Loyson.

Le soir, le 6ᵉ corps s'arrêtait sur la Ceyra que Masséna voulait franchir le lendemain, pour prendre position sur l'Alva dont le comte d'Erlon rétablissait les ponts, à Ponte-Murcelha. Les divers corps occupèrent dans la nuit du 14 au 15, les positions suivantes : Junot, à gauche, sur la basse Ceyra; Ney, au centre, vers Foz-d'Arunce; Reynier, à droite, sur la haute Ceyra. Mais le duc d'Elchingen, dont les appréhensions avaient fait place à une confiance téméraire, n'avait pas tenu compte des recommandations expresses de Masséna, et deux de ces divisions étaient placées en deçà de la rivière, ce qui fut cause d'un instant de panique, dans le 6ᵉ corps pendant la journée du lendemain.

Le 15, à la pointe du jour, les patrouilles anglaises s'aperçurent, malgré le brouillard, que la plus grande partie du 6e corps était sur la rive gauche, adossé à un défilé et à un pont étroit. Wellington fit envelopper les hauteurs qui dominaient le bivouac des divisions Mermet et Marchand, et par une sorte de fatalité qu'explique seule la pénurie des fourrages, la brigade de cavalerie légère commandée par le général Lamotte avait dû, pour faire vivre ses chevaux, s'établir dans un pré, au bord même de la Ceyra. Dès que l'ennemi se présenta, cette cavalerie se mit en bataille à l'entrée du pont bien résolue à charger ses têtes de colonne, si elles se présentaient aux approches de la rivière avant l'entier écoulement de l'infanterie et les bagages, dont Ney lui-même dirigeait la retraite.

Déjà la division Marchand avait franchi le pont, et Mermet se préparait à la suivre de près, quand une de nos batteries d'artillerie descendit précipitamment et en désordre les hauteurs d'où elles protégeaient la retraite. Dans leur précipitation à descendre la côte, quelques voitures se renversèrent, augmentèrent la confusion, et bientôt ce trouble dégénéra en une espèce de panique par l'apparition subite des dragons anglais, sur la route de Miranda-de-Corvo. Un coup de feu mortel atteignit le colonel Lamour du 39e régiment de ligne. Cet officier transporté mourant en arrière de nos lignes devint subitement le signal d'un *sauve qui peut* général, mais heureusement momentané.

La cavalerie arrêta ce mouvement, en se portant rapidement à la hauteur du pont ; les fuyards s'y culbutèrent et se précipitèrent dans la rivière. Mais la voix de Ney ne saurait rester longtemps méconnue en face du désordre. Le maréchal arrêta les moins accessibles à la peur, il se mit à la tête d'une dizaine de tambours auxquels il fit battre la charge. Tous ces fuyards retournèrent à l'ennemi et se portèrent au secours du général Mermet qui, à son tour, obligea les Anglo-Portugais à battre en retraite.

Cette échauffourée de Foz-d'Arunce n'était pas une défaite et encore moins une déroute ; ce n'en était pas moins un insuccès. L'orgueil du duc d'Elchingen en fut très froissé. Il chercha une victime, la trouva dans le colonel Lamotte, qu'il n'aimait pas ; il lui enleva le commandement de sa brigade de cavalerie.

Une enquête a prouvé que l'insuccès de la journée du 15 mars était dû à ce que Ney avait placé son corps d'armée à cheval sur une rivière, ce qui est contraire à tous les principes, les troupes dans une retraite devant toujours être disposées en arrière d'un défilé et non en avant.

Bien que le comte d'Erlon eût persisté à se déclarer indépendant de l'armée de Portugal, il n'en avait pas moins poursuivi activement la construction d'un pont sur l'Alva; il en fit la remise à Masséna; le 16 au soir, à Ponte-Murcelha. Puis il se mit en route sur Celorico, promettant de marcher lentement afin de pouvoir concourir, au besoin, à l'action de nos colonnes.

Le 17, de grand matin, le corps du duc d'Abrantès franchissait l'Alva. Ney avait l'ordre de se maintenir sur la rive gauche; il n'en fit rien, passa sur la rive droite, se contentant de faire garder la rive opposée par ses troupes légères. Il échelonna ses troupes sur le plateau qui domine le cours de la rivière, témoignant ainsi son impatience de quitter la ligne de l'Alva.

Masséna s'était flatté de tenir quelque temps le long de cette rivière; il y voyait un adoucissement au regret d'avoir été forcé d'abandonner la ligne du Mondégo, par suite de l'évacuation de Condeixa. Il n'avait pas encore épuisé la coupe des chagrins : Ney lui en réservait d'autres encore.

Reynier, qui avait été jusqu'alors le plus docile de ses lieutenants, s'était accoutumé, depuis le commencement de la retraite, à laisser le fardeau de l'arrière-garde au duc d'Elchingen. Sans se préoccuper sérieusement de l'intérêt général, il avait pris l'habitude de disperser au loin ses troupes, pour les faire vivre, au lieu de les tenir réunies dans sa main, prêtes à combattre. Loin de se lier avec Ney pour le couvrir, ainsi qu'il en avait reçu l'ordre, il perdit un temps précieux à discuter les instructions pour la journée du 10 avec le commandant du 6e corps, qu'il laissa à découvert en face des Anglais s'avançant par la gauche sur l'Alva. Le duc d'Elchingen dut ainsi abandonner Ponte-Murcelha, et là encore échouèrent les projets du prince d'Essling, qui n'avait qu'un but : sauver l'honneur des armes.

Résigné dès lors à poursuivre sa retraite sans désemparer, Masséna envoya à Paris son aide de camp, Porcher, avec mission de soumettre à l'empereur le projet de porter l'armée du Portugal sur le Tage, vers Alcantara, et d'entrer immédiatement en communication avec le duc de Dalmatie.

Wellington, dont les troupes étaient aussi dénuées de vivres que les nôtres, fut contraint, de son côté, à suspendre leur marche pendant trois jours. La retraite de l'armée du Portugal se continua sur trois colonnes, sans être poursuivie sérieusement par les Anglais, qui se contentèrent de nous faire harceler par quelques troupes légères.

Enfin, le 22 mars, après six mois de souffrances inouïes, nos soldats apercevaient les frontières de l'Espagne, de cette Espagne dont l'héroïsme allait être soumis à de nouvelles épreuves.

IV

RETOUR EN ESPAGNE

Voici ce que nous lisons à ce sujet dans les lettres du commandant Giraud à sa famille ;

Salamanque, le 11 avril 1811.

Nous rentrons en Espagne, après trente-sept jours de marche et avoir livré deux combats : à Pombal, le 11 mars, et à Foz-d'Arunce, le 15 mars. Nous sommes arrivés à Salamanque hier, 10 avril, espérant y passer quelques jours pour nous remettre de nos fatigues et nous procurer quelques effets dont nous avons le plus grand besoin. Mais la fatalité qui nous poursuit ne veut pas que nous jouissions d'un seul instant de répit. Nous venons de recevoir l'ordre d'en repartir demain, pour cantonner entre Salamanque et Ciudad-Rodrigo, à l'effet d'observer l'ennemi qui s'est établi entre la Coa et l'Agueda.

Quelle affreuse guerre!... Je ne m'enrichirai jamais avec des campagnes comme celles-là. J'ai perdu dans le Portugal quatre chevaux ou mulets : un m'a été volé, un deuxième m'a été perdu par la faute de mon domestique, les deux autres m'ont été pris par les Anglais, et, avec eux, mon domestique que je regrette autant que mes chevaux, en raison de la ponctualité avec laquelle il me servait et des soins qu'il prenait pour tout ce qui m'appartenait.

Aujourd'hui, j'en suis réduit à la monture de la bonne Vierge, si bien qu'à chaque instant, avec les moyens de transport dont nos disposons, je suis exposé à perdre le peu d'effets qui me restent encore.

Mon colonel vient de me prévenir qu'il m'a proposé pour la croix d'officier de la Légion d'honneur, sur son état des récompenses à accorder à la suite de la campagne du Portugal. J'ai vu l'état. Je suis classé le n° 1. Mais l'obtiendrai-je? C'est si difficile!... Mon colonel ne l'a pas encore et un chef de bataillon du régiment, plus ancien que moi dans le grade, ne l'a pas non plus.

Ciudad-Rodrigo, le 27 avril 1811.

L'homme vraiment vertueux doit, dit-on, préférer l'intérêt général à l'intérêt particulier. Je suis tenté de faire mentir ce principe en ce qui me concerne. Je me réjouissais de notre retraite du Portugal, bien qu'elle ait été désastreuse pour la France, espérant qu'une fois à Salamanque nos correspondances allaient reprendre leur cours d'autrefois. Hélas! vain espoir! Rien à la poste de Salamanque et voici huit grands mois que je suis privé des lettres des miens.

Je suis ici depuis trois jours... Rien encore!...

J'ai reçu de Bayonne pour douze cents et quelques francs d'effets : drap casimir, schako, épaulettes... Cela est venu fort à propos. Mais maintenant il faut payer tout cela, et avec quoi?... Nous n'avons pas le sol; on ne nous paie plus... treize mois d'appointements nous sont dus, et il n'y a pas apparence qu'on nous paiera de sitôt.

L'empereur a bien accordé un supplément de traitement de 550 francs aux officiers, à partir du 1ᵉʳ janvier dernier. Mais ce traitement ne doit être perçu que lorsque la solde sera mise au courant. Ceci nous fait présumer que nous ne le toucherons jamais, étant donné nos traitements de solde en retard. Il me faudrait cependant bien cela pour me remettre des pertes que j'ai subies pendant ma campagne en Portugal.

Les faits de guerre interrompent forcément la correspondance de Giraud avec sa famille, tâchons d'y suppléer par des communications puisées aux meilleures sources.

Le prince d'Essling rentra en Espagne, le cœur navré, l'âme brisée ; il n'était pourtant pas au bout des peines qui l'attendaient. Les trois corps d'armée sous ses ordres s'arrêtèrent à Belmonte, à Garda et à Celorico pendant deux jours pour constater leur effectif, diriger les malades et les blessés sur le petit dépôt de Bayonne, prescrire les mesures nécessaires pour faire venir aux bataillons actifs les effets d'habillement, d'armement et d'équipement restés à Salamanque, Valladolid, etc.

Ces mesures firent sentir à Masséna la nécessité de se diriger sur l'Estramadure, afin de lier ses opérations à celles du maréchal Soult (armée du midi). Il restait encore au prince d'Essling 20,000 soldats aguerris, dont les souffrances physiques avaient surexcité plutôt qu'étouffé les instincts belliqueux. Il se flattait, après un repos de quelques jours, qu'il pourrait reprendre l'offensive en Portugal, en liaison avec l'armée du maréchal Soult, qu'il se faisait fort de gagner à ses instances.

Ces projets divulgués furent le signal d'une violente opposition de la part de ses lieutenants. Reygnier, qui avait autrefois guerroyé en Estramadure, déclara que cette province était totalement ruinée.

Junot, non encore guéri de sa blessure et deux fois malheureux en Portugal, répugnait à une troisième expédition sur Lisbonne. Enfin l'orgueil de Ney se révolta à l'idée de rester soumis à un collègue dont les glorieux précédents l'importunaient.

Bientôt allait se produire, avec la plus funeste évidence, cette vérité que, pour obtenir des succès à la guerre, il faut qu'un chef d'armée ait sous ses ordres des militaires d'un grade inférieur, et non des camarades qui, se croyant un mérite égal au sien, refusent l'obéissance et rendent l'indiscipline contagieuse.

A Punhète, à Condeixa, à Ponte-Murcelha, la résistance du maréchal Ney aux ordres qu'il avait reçus de son collègue Masséna firent avorter de sages résolutions. Le prince d'Essling avait étouffé ses ressentiments, parce que la mésintelligence affectée du commandant en chef de l'armée pouvait fatalement réagir sur le moral des troupes. Mais cette fois, la mesure était comble. Certes, Masséna reconnaissait que pour obtenir sur les deux rives du Tage, une action simultanée des armées du Portugal et de l'Andalousie, il ne fallait rien moins que la puissante autorité de l'Empereur en personne; il reconnaissait aussi qu'en laissant abandonnées à elles-mêmes, les places d'Alméida et de Ciudad-Rodrigo, il faisait la partie belle à lord Wellington pour ses excursions dans la vieille Castille.

Le prince d'Essling ne demandait pas mieux que d'examiner et de discuter ces considérations, si elles lui avaient été présentées avec déférence. Mais le duc d'Elchingen n'était pas homme à tenir compte des formes hiérarchiques. Il ne se borna pas seulement à se faire l'organe des plaintes des autres généraux qui pensaient comme lui ; il les envenima comme à plaisir, en adressant à Masséna des lettres contenant des critiques malveillantes, des remontrances. L'une d'elles, la dernière, se terminait par un refus formel d'obéissance, et par cette déclaration qui était tout l'opposé des ordres de Masséna : « Demain, je conduirai le 6ᵉ corps sous Alméida. »

Exaspéré, le commandant en chef de l'armée de Portugal prit immédiatement, la résolution d'ôter son commandement au duc d'Elchingen. Néanmoins, voulant lui laisser un dernier accès au repentir, il demanda par écrit, à Ney, s'il persistait à se soustraire à l'autorité dont l'Empereur l'avait investi. La réponse ne fut pas moins violente que les précédentes. Il n'était plus possible d'éviter l'éclat, et ce même jour, 22 mars à dix heures du soir, les aides de camp du prince d'Essling furent lancés un peu dans toutes les directions pour signifier aux généraux du 6ᵉ corps que Loyson, le plus ancien divisionnaire était appelé au commandement du corps d'armée.

La ténacité dont Masséna venait donner des preuves éclatantes, pendant toute la durée de cette campagne, en Portugal, n'avait jamais été soumise à d'aussi rudes épreuves. Aussi est-ce avec raison qu'il écrivait le 31 mars, au major général: « J'ai » été seul à vouloir entrer en Portugal, et sans » une volonté très prononcée, je n'y serais pas » resté quinze jours. »

A ce moment, l'indiscipline de l'armée du Portugal s'était étendue du sommet à la base de la hiérarchie ; elle était générale, et cette disposition des esprits, jointe à la disette et à des incidents multiples, contraignirent Masséna à reprendre en Espagne les positions que réclamaient ses antagonistes. Le soldat sous l'influence de passions surexcitées, alliait au plus haut degré les qualités et les défauts inhérents au caractère français: le courage et l'esprit d'indépendance ; privé de solde, de vêtements, et de subsistances, dans une contrée dévastée, il demandait forcément la nourriture à la maraude, et l'officier réduit, de son côté, à vivre des largesses de ses subordonnés n'exerçait plus sur eux qu'une autorité affaiblie. Cette existence aventureuse n'était pas sans attrait pour l'homme de troupe ; mais elle avait ses rigueurs et ses excès : il en est résulté durant toute cette campagne des actes criminels heureusement isolés, mais engendrés par la famine, ce fléau inaccessible à la pitié. Ajoutons cependant qu'à la moindre apparence d'un conflit avec l'ennemi, les maraudeurs rejoignaient leurs rangs, en toute hâte, et affrontaient les périls avec autant d'élan que d'intelligence.

Quant à l'armée envisagée au point de vue collectif, elle fut pendant toute cette période, aussi admirable que malheureuse. Lancée à deux cents lieues de nos frontières, sans artillerie de siège, sans équipage de ponts et sans magasins, à la conquête d'un pays hérissé d'obstacles naturels favorables à la défense; elle s'est vue inopinément en face des retranchements inexpugnables de Torrès-Vedras. Dans cette situation extrême, elle a dû comme une bande de sauvages affamés, dévorer, sans réquisitions, ni distributions, toutes les ressources locales. Puis, vaincue par la disette, suivie par une armée d'un effectif triple au sien, notre vaillante armée toujours privée de solde, sans vêtements, a battu en retraite à son heure, n'abandonnant le terrain que pied à pied, après avoir fait payer chèrement la poursuite de l'ennemi qui lui servait en quelque sorte de garde d'honneur. Si, pour alléger sa marche, elle a fait détruire à Miranda de Corvo, quelques charrettes du pays, chargées d'approvisionnements régimentaires, elle ramenait tous ses bagages et son artillerie entière, moins un seul obusier.

Qu'on juge par là de ce qu'on aurait pu obtenir de l'armée de Portugal, avec des moyens proportionnés à l'importance de sa mission, et surtout sous les ordres d'un chef muni d'un pouvoir souverain.

Le séjour de nos troupes aux environs de Ciudad-Rodrigo fut de courte durée. Le 9ᵉ corps (Drouet d'Erlon) avait depuis longtemps entamé les approvisionnements de la place. Quand il n'y eut plus rien, il fallut bien aller ailleurs et grouper les différents corps dans des cantonnements autour de Salamanque. Dès le 10 avril, le quartier général de Masséna s'y établissait. Là nos généraux mirent toute leur activité à réorganiser les services administratifs et notamment les hôpitaux. Le prince d'Essling consacra tous ses soins à la reconstitution de sa cavalerie, et le 1ᵉʳ mai la brigade de cavalerie du 9ᵉ corps (7ᵉ, 13ᵉ 20ᵉ chasseurs à cheval et 10ᵉ hussards; général Fournier-Sarlovèze) entra dans la division de cavalerie légère du général de Montbrun.

Mais un mauvais vouloir plus réel qu'avoué, paralysait depuis longtemps les efforts du prince d'Essling. Ainsi, il était dû dix mois de solde aux officiers et aux soldats de l'armée de Portugal, il ne put obtenir que le paiement d'un seul mois, bien que les caisses de Salamanque fussent abondamment pourvues en numéraire.

Le maréchal Bessière, duc d'Istrie, venait d'être

investi du commandement supérieur des provinces du nord. Il avait promis à Masséna de lui faire parvenir sans délai les sommes nécessaires pour le paiement de l'arriéré dû à son armée, et quand on lui rappelait ses promesses, il éludait la question, tout en protestant de son amitié et de son dévouement, mais faisant bon marché de ses engagements verbaux, quand son intérêt était ailleurs.

Ce fut dans cette disposition d'esprit qu'on apprit à Salamanque, la capitulation de Badajoz, après un siège de quarante-deux jours. Triomphe stérile!... On assure même qu'en apprenant la redtion de cette place, l'empereur se serait écrié : « Soult a commis une grande faute; il *me donne une bicoque et me fait perdre un royaume.* »

L'armée de Masséna était, en somme, impatiente de reprendre l'offensive, surtout son commandant en chef qui voulait une revanche de ses échecs précédents.

Le moment semblait favorable à la réalisation d'un vœu aussi légitime. La situation était alors la suivante : Wellington croyant les troupes du duc d'Essling épuisées et hors d'état de reprendre la campagne, avait conçu le projet de soustraire Badajoz à notre pouvoir en accablant successivement Soult et Masséna. A cet effet, le général Spencer reçut l'ordre de débloquer Alméida et Ciudad-Rodrigo, pendant que le général Beresford opérerait dans l'Alentejo, contre le maréchal Soult.

C'était là une témérité que Masséna n'était pas homme à laisser impunie. Persuadé que le temps perdu ne se rattrape pas à la guerre, il redoubla d'instance auprès du duc d'Istrie, pour obtenir des renforts, des attelages et les denrées nécessaires au ravitaillement des deux places frontières. Le 12 avril il écrit à Bessière : « La cavalerie m'est nécessaire. Celle qui est ici est dans un état pitoyable et dans un état tel que je ne sais quand elle pourra agir... Les 8e et 10e dragons ne peuvent m'être d'un secours bien grand ; il n'y a pas de chevaux en état de faire une étape un peu longue... »

Le 18, il envoie à Ciudad-Rodrigo le général Fririon, son chef d'état-major pour reconnaître les positions de l'ennemi, s'assurer si l'on peut jeter dans Alméida, un convoi de 100,000 rations de biscuits et le plus de farine possible, sous l'escorte de la division Marchand renforcée du 10e dragons.

Le résultat de ses demandes réitérées ne répondit pas à son attente. On n'envoya à Masséna que les 4e bataillons des régiments d'infanterie sous ses ordres et qui jusqu'alors étaient entrés dans la composition du 9e corps.

Ce fut dans le but de débloquer Alméida cernée par Wellington que le prince d'Essling concentra une partie de ses troupes autour de Ciudad-Rodrigo, dès le 30 avril. Le 1er mai, grâce à sa persévérante volonté, il avait réuni sur la ligne de l'Agueda, 34,000 hommes aguerris à tous les périls, comme à toutes les souffrances, pendant que le général Clausel, avec 6,000 hommes maintenait les communications avec Salamanque.

Le prince d'Essling allait donc encore une fois se mesurer avec l'armée britannique, et faire repentir Wellington du fractionnement de ses troupes, en deux corps séparés. Le mouvement offensif de Masséna commença le 2 mai: le soir nos troupes atteignaient Espéja, et le lendemain, elles arrivaient sur les bords du ruisseau qui coule au pied du village de Fuente-de-Onore, où nous allons voir la bataille s'engager.

Avant d'en venir aux mains, les deux armées belligérantes sont passées en revue par leurs commandants en chef respectifs. Toutes deux ont confiance dans le succès, l'une mue par le sentiment de sa supériorité habituelle; l'autre par ses récents exploits.

Ouvrons ici le carnet de campagne du commandant Giraud.

Fuente-de-Onore, le 10 mai 1811.

Nos troupes concentrées à Ciudad-Rodrigo, ont quitté cette localité le 2 mai, au soir, elles occupaient les positions suivantes : le 2ᵉ corps (Reygnier) à l'extrême droite de nos lignes; le 8ᵉ corps (Junot) réduit à la division Salignac, ainsi que le 9ᵉ (Drouet d'Erlon) au centre; le 6ᵉ corps (Loyson) à gauche. La cavalerie de réserve (Montbrun) à l'extrême gauche : 2,400 sabres, y compris la brigade Wathier amenée par le duc d'Istrie.

La cavalerie de la garde forte de 800 admirables soldats, aux ordres du général Lepic avait l'ordre d'éclairer le 8ᵉ corps, tout en ne perdant pas le contact avec le 6ᵉ. Montbrun disposait de quatre pièces d'artillerie légère de la garde. Deux autres pièces suivaient le 8ᵉ corps. Enfin, un bataillon de la garnison de Ciudad-Rodrigo était chargé d'escorter le convoi de ravitaillement dirigé sur Alméida; il avait l'ordre de filer sur la place, si l'ennemi était rejeté au delà de la Coa.

L'armée anglaise rangée en bataille sur les hauteur de Fuente-de-Onore se composait de

  8,000 Anglais.
  12,000 Portugais et
  3,000 Espagnols

en tout 23,000 combattants.

A une heure de l'après-midi nous étions maîtres de la partie basse du village enlevée brillamment par la division Ferrey formée en trois colonnes d'attaque, soutenue par la légion hanovrienne en réserve Mais bientôt l'ennemi enhardi par sa force numérique, descendit des hauteurs, rétablit le combat à son avantage, et parvint à nous reprendre la partie conquise de Fuente-de-Onore.

Le maréchal Masséna n'était pas homme à rester sur un échec. A cinq heures du soir, une nouvelle attaque est ordonnée. Cette fois la division Ferrey formée en quatre colonnes appuyées par une brigade de la division Marchand, se précipite sur l'ennemi à la baïonnette. Les parties basses du village sont reconquises. Mais au lieu de s'y établir nos soldats poursuivent l'ennemi et se désunissent. Wellington en profita pour réunir 6,000 hommes sur notre droite mal affermie et pour la seconde fois, nous fûmes obligés d'abandonner la clef de la position.

D'énergiques efforts sont tentés par la seconde brigade de la division Marchand, et à la nuit close, un tiers du village de Fuente-de-Onore est en notre pouvoir.

Nos soldats ont combattu à découvert; leurs pertes s'élèvent à 700 tués ou blessés. Les Anglais mieux abrités comptent 600 hommes hors de combat.

Le 5 mai, nous avons enlevé à la baïonnette la position de Pozzo-Bello, pendant que notre cavalerie tournait l'ennemi sur sa droite, en lui faisant encore six cents prisonniers.

Au 69°, trois officiers ont été tués, dont le capitaine Terre; le brave colonel Fririon y a été blessé au bras gauche; blessure heureusement sans gravité; ce qui lui permettra de reprendre son service dans quelques jours.

Notre troisième bataillon est incorporé dans les deux autres, pour permettre aux cadres de rentrer en France. C'est le prélude d'une nouvelle organisation de l'armée, en vue des événements qui peuvent survenir dans le Nord de l'Europe.

En attendant, il importe de faire sauter la forteresse d'Alméida étroitement bloquée par Wellington. Trois intrépides militaires se sont présentés à l'état-major du prince d'Essling, pour traverser les lignes anglaises et porter cet ordre au général français qui commande à Alméïda. Le caporal Zaniboni du 76°, déguisé en marchand espagnol, et parlant fort bien la langue du pays; le cantinier Lami du 69° vêtu en paysan portugais, et le chasseur Tillet du 6° léger. Les deux premiers trahis par des lettres accusatrices qu'ils portaient sur eux, furent fusillés, comme espions; mais Tillet parvint aux avant-postes d'Alméida et cela suffisait. La forteresse sauta le 10 mai, à minuit; nos troupes reprirent le chemin de Salamanque.

Honneur à ces trois braves!

Nous apprenons aujourd'hui que l'empereur ne veulant pas s'arrêter aux difficultés que rencontre le prince d'Essling dans la réorganisation de l'armée de Portugal, vient de donner l'ordre au 9ᵉ corps de rejoindre l'armée du maréchal Soult, en Andalousie où il était attendu, afin d'augmenter les effectifs des corps très réduits, par suite des pertes subies dans les derniers combats.

Salamanque, le 30 mai 1811.

Le 2 du mois prochain, nous nous mettons en marche pour l'Estramadure; on nous annonce des marches longues et pénibles. On ne nous fait pas moisir dans nos cantonnements; nous sommes toujours en l'air. Et à côté, il faut ajouter qu'il n'y a pas de fatigues qui tiennent. Il ne faut jamais rester en arrière, si on ne veut pas s'exposer à tomber entre les mains des guérillas; il faut toujours suivre le gros tas.

Notre 6ᵉ corps d'armée est dissous; on en a formé six divisions. J'appartiens à la première. Nous ne portons plus le collet chamois; toute l'infanterie de ligne aura dorénavant le collet rouge.

Le capitaine Raybaud est parti de Bayonne, avec sa retraite. Le capitaine Roy l'y remplace. Il paraît qu'on fait ses affaires au petit dépôt de Bayonne, puisqu'il y a tant de postulants pour cette place. A défaut d'autres avantages, on a du moins celui d'être fort tranquille.

De rudes chefs (Longa, le Marquerito et surtout l'audacieux Espoz-y-Mina), sont à la tête des bandes espagnoles qui opèrent contre nous; vaincus sur un point, ils reparaissent plus loin, toujours plus entreprenants, soutenus, ravitaillés sur les côtes, en armes et en munitions par les croisières anglaises.

Ces chefs font fabriquer leur poudre dans les cavernes des plus hautes montagnes de la Navarre et de la Biscaye. Leurs hôpitaux sont dans les villages les plus retirés sur des escarpements inaccessibles. Dans ces conditions, point de grandes batailles en perspective; mais des marches, des contre-marches, dans les montagnes, à travers une population hostile; des combats partiels, presque quotidiens; des escarmouches sanglantes.

L'insuccès de l'expédition en Portugal a été principalement dû à la mésintelligence des généraux. La conquête du royaume de Catalogne et du royaume de Valence, opérée à cette époque, malgré le courage des habitants, démontre les avantages de l'unité de commandement, si souvent posée en principe par Napoléon lui-même, mais qu'il semble avoir perdu de vue, en confiant une égale autorité à Masséna et à Soult.

Mécontent de l'issue de cette campagne, Napoléon enleva le commandement à Masséna qui fut remplacé à la tête de ses troupes, par le maréchal Marmont le 1er juin 1811. Comme suite à cette disgrâce, la division Marchand passa aux ordres du général Foy qui devait la conduire victorieusement jusqu'au terme des guerres d'Espagne ; la 2e brigade de cette division, dont faisait partie le 69e, fut cédée par le général Maucune au général Boyer.

Marmont, d'après les instructions de l'empereur devait se réunir à Soult qui opérait au sud de la Guadiana et venait de tenter inutilement de débloquer Badajoz, assiégée par Beresford.

On quitta Salamanque pour se porter sur Placencia et Almaraz. Le 17 juin 1811, les deux maréchaux effectuèrent leur concentration à Truvillo, entre le Tage et la Guadiana; de là, ils marchèrent sur Campomayor, menaçant la ligne de retraite des Anglais, en Portugal. Wellington, qui avait amené des renforts à Beresford, n'attendit pas l'attaque des Français; il prit le commandement et se retira sur le bas Tage.

Le 1er août 1811, le 69e perdait le colonel Fririon nommé général de brigade et remplacé par le colonel Guinaud. Vers la même époque, le colonel Chemineau du 76ᵉ de ligne prenait le commandement de la 1ʳᵉ brigade de la division Foy.

Peu après la retraite de Wellington en Portugal, Soult fut rappelé en Andalousie par les progrès des Espagnols de ce côté; Marmont remonta au nord du Tage. Wellington enhardi par cette manœuvre, s'avança jusqu'à Ciudad-Rodrigo qu'il investit dans les premiers jours de septembre.

Le 22 septembre 1811, l'armée d'Espagne du Nord, sous les ordres du général Dorsenne qui avait opéré jusque là dans les Asturies, vint renforcer Marmont à Tatamès. On marcha contre Vellington qui leva le siège de Ciudad-Rodrigo et se replia sur Sabugal, dans des positions si fortes qu'on n'osa l'y attaquer.

Marmont revint dans les environs de Salamanque où il prit ses quartiers d'hiver. Pour la première fois, depuis deux ans de marches et de combats incessants, le 69ᵉ de ligne put enfin jouir de quelque repos.

᪥ ᪥ ᪥

Le commandant Giraud en profita pour mettre à jour son carnet de campagne et voici ce que nous y trouvons.

Mozarambos, près de Tolède (Nouvelle Castille), le 1ᵉʳ novembre 1811.

Je relève de maladie et à peine remis sur pieds, me voici obligé d'aller en colonne mobile, avec 600 hommes d'infanterie et 100 chevaux, pour parcourir la province de Tolède, à l'effet d'y faire rentrer les perceptions dues. Les Castillans sont superbes d'allure ; mais les sénoras tremblantes de frayeur font le signe de la croix quand elles nous rencontrent, probablement pour empêcher le diable de s'introduire en elles.

A ma rentrée au régiment, j'ai trouvé le 69ᵉ presque entièrement renouvelé. Tous les anciens officiers sont partis pour la retraite ; quelques autres ont *payé leur tribut à la guerre*. A l'âge de trente-neuf ans, je me vois ainsi le doyen des officiers de mon régiment. Cela me donne l'envie d'abandonner la lutte.

Quelle guerre atroce !

Chacun de nos bataillons agit isolément, courant les défilés, à la suite d'insaisissables quadrilles exécutés par des moines, des laboureurs et même des simples pâtres qui en sont les chefs entreprenants et hardis. Il faut les suivre de position en position, de rocher en rocher, le fusil ou l'épée toujours en arrêt.

Nos effectifs fondent dans le service très pénible des escortes de convois. Nous n'avons cependant que des rouliers français, mais leurs voitures sont trop lourdes, trop matérielles pour des chemins de traverse comme ceux que nous parcourons souvent.

Nos colonnes mobiles se multiplient, et comme les remplacements d'effets pour la troupe ne se font guère que deux ans après l'échéance, nos hommes sont nu-pieds. Tout ce qui est envoyé de France, se consomme en route. Le pain se vend un franc; un mauvais schako vaut cent francs. Chacun se fait tour à tour, tailleur et cordonnier : les plus adroits de nos soldats taillent et coupent, dans des étoffes de bure brune trouvées dans les couvents; les autres confectionnent.

Mozarambos, le 16 novembre 1811.

Je viens d'éprouver un nouveau malheur. Mon domestique vient de me noyer une mule, et mon cheval de bataille est menacé de perdre la vue. J'en suis encore réduit à une mauvaise jument qui me manquera au premier jour et m'obligera de faire mes routes à pied. Il est très difficile dans ce pays, de se procurer de bons chevaux. S'il s'en trouve, il faut les payer quarante à cinquante louis, et encore sont-ils bons?

Si le malheur qui me poursuit depuis un an ne me quitte pas, je serai obligé de renoncer aux chevaux, pour ne pas manger tout mon saint frusquin.

Les officiers, sous-officiers et caporaux du 3ᵉ bataillon sont partis pour la France le 26 mai dernier. Aucun chef de bataillon n'a été compris dans ce cadre. Le commandant Magne n'ayant pas été remplacé, il a fallu lui donner pour successeur le chef de bataillon qui devait rentrer en France.

On dit que l'horizon se trouble du côté du nord; tout le monde le désire ici dans l'espoir qu'on nous retirera d'Espagne. Ce ne serait cependant pas à souhaiter pour la France, car sa situation deviendrait plus embarrassante que jamais.

Granja, 26 novembre 1811.

Nous végétons depuis une vingtaine de jours, autour des montagnes de Banos, de Bejar, de Placencia et de Gata, observant l'armée ennemie qui en fait autant de son côté pour attendre, comme nous, la fin des chaleurs. La voilà arrivée bientôt. Aussi partons-nous dans deux ou trois jours, pour aller, dit on, faire une reconnaissance du côté de Ciudad-Rodrigo. Si les bruits qui circulent se confirment, nous pourrions bien, spectateurs tranquilles des événements, n'avoir d'autres opérations à entretenir que de nous procurer des vivres, car je présume que l'armée anglaise se portera en partie sur Valence, dans le cas, où, — comme on l'annonce, — nous aurions entrepris la conquête de cette province.

J'ai noté sur des feuilles de papier, ou revues jour par jour, depuis le 1er janvier 1811, les sommes qui me sont dues mensuellement pour mes appointements. Le livre servant à enregistrer ces sommes chez le payeur de mon régiment, se trouve dans un portefeuille vert contenu dans mon portemanteau. Si je venais à décéder, ma veuve doit pouvoir toucher ce qui m'est dû, à l'aide de ces revues et de ce livre.

Chacune de ces revues, depuis le 1er janvier 1811 jusqu'à la fin de mai, se monte à 670 francs ; ce qui fait en tout................. 3.350

Chacune des revues de mai à septembre se monte à 552 fr. par mois : soit pour trois mois écoulés jusqu'au 31 août........ 2.625

Pour mon traitement de table depuis le 1er janvier : 400 fr. par mois ; ce qui donne au 1er septembre.............. 3.200

Plus mon traitement de membre de la légion, soit................ 250

Total... 9.475

somme qui est à réclamer à M. l'ordonnateur Marchand de l'armée de Portugal [1].

Le repos de nos troupes aux environs de Salamanque ne fut pas de longue durée. En janvier 1812, Wellington assiégea Cindad-Rodrigo qu'il prenait d'assaut le 21 janvier; puis il se porta sur Badajoz. Marmont tenta de profiter de l'éloignement de l'ennemi pour reprendre Ciudad; mais déjà Badajoz était aux mains des Anglais : Wellington reparut alors au nord du Tage, et l'on fut obligé de rentrer dans les cantonnements que l'on avait quittés pour courir au devant de l'ennemi.

La campagne de Russie venait de commencer. Dorénavant, les troupes d'Espagne n'auront plus de renfort à attendre. Par contre les Anglais et les Espagnols étaient en situation de prendre l'offensive et ils ne s'en firent pas faute.

Les doléances du commandant Giraud se font jour dans la lettre suivante.

---

[1]. Ce document ne manque pas d'intérêt, au point d'être des émoluments touchés par les officiers des armées du premier Empire. (*Note de l'auteur.*)

Talavera, le 7 mars 1812.

Dans les premiers jours de janvier nous nous sommes mis en marche vers Valence, sous le commandement du général comte Montbrun. Le 15 février, nous étions à San Vicente, petite ville située sur un affluent de la Segura. Depuis le 5 mars, nous avons repris nos positions sur le Tage. Le 69ᵉ cantonne à Talavera.

Un décret impérial, en date du 31 janvier dernier ordonne de prélever dans la province de Valence, un capital de deux cents millions, pour récompenser les généraux, officiers et soldats qui se sont particulièrement distingués pendant la guerre d'Espagne. L'état des militaires qui ont droit à une récompense a été demandé aux chefs de corps. Celui du 69ᵉ est fait; il partira aujourd'hui pour le quartier général d'où il sera expédié à Paris. Le colonel a eu la bonté de me porter le second. La dotation n'a pas été fixée pour chacun. Je pense qu'elle le sera par le général Foy, ou par le maréchal commandant l'armée. Si ces dotations sont accordées, elles ne vaudront pas celles accordées sur les *monts Napoléon*, ou en Westphalie.

De prochains mouvements de troupes sont annoncés. Les guérillas arrêtent maintenant tous nos courriers, tous nos convois. Impossible de faire passer de l'argent à qui que ce soit, même à ses parents. Personne n'ose plus rien confier à la poste qui n'accepte que des traites avec lettres chargées, et encore aux risques et périls de l'envoyeur.

Ah! si je pouvais revoir la France! Cette pensée seule influe sur ma santé qui est bonne. C'est là, le meilleur corroboratif que les docteurs puissent m'ordonner.

༺ ༻

Wellington, ayant réussi à prendre Ciudad-Rodrigo et Badajoz, à séparer Soult de Marmont par la prise d'Almaraz, se disposa à porter dorénavant la guerre au cœur de la péninsule et à marcher sur Madrid.

Suchet fit capituler Lérida, Méguinenza, Morella; assiégea Tortose, puis Taragonne qui se défendit comme Saragosse, comme Gironne et succomba comme elles. Nommé maréchal de France et commandant général des provinces de l'est, il reçut la capitulation de Figuière et s'empara de Murviedro, ville bâtie sur l'emplacement de l'ancienne Sagonte. Il parvint ensuite à acculer les diverses bandes d'insurgés sur Valence qu'il obligea à se rendre, après douze jours de siège. Cette ville livra au vainqueur 20,000 prisonniers, 300 pièces de canon et d'immenses approvisionnements. Suchet se montra aussi bon administrateur que brillant général ; il parvint à se concilier l'estime et presque l'affection des habitants de la Catalogne et du royaume de Valence.

Cette effroyable guerre où les armées espagnoles étaient toujours vaincues, où les villes succombaient après des prodiges de valeur, commençait à lasser les habitants du pays.

Les Cortès convoqués par la Junte de Séville se réunirent à Cadix. Imbus des principes de la révolution française ; persuadés que ceux qui montraient un si noble dévouement, avaient acquis des droits à la liberté, les Cortès déclarèrent que la souveraineté résidait dans la nation, abolirent les droits féodaux, nommèrent une régence et promulguèrent le 19 mars 1812, une constitution presque républicaine.

A cette date, Wellington se porta sur Salamanque, avec 50,000 hommes et s'en empara. Marmont se retira sur le Douero et appela à son secours le général Bonnet qui lui amena 8,000 hommes ; il reprit alors l'offensive et attaqua le généralissime anglais, le 22 juillet 1812, sur les hauteurs des Arapiles, près du village du même nom.

Marmont et Bonnet furent blessés tous les deux et nous perdîmes la bataille. Clausel qui commandait l'aile droite rétrograda jusqu'à Burgos. Joseph sortit de Madrid. Wellington y entra et vint mettre le siège devant Burgos. Mais les efforts de toute l'armée anglaise ne purent triompher de la courageuse résistance des troupes du général Dubreton qui repoussèrent cinq assauts.

A la nouvelle de la bataille des Arapiles et de l'occupation de Madrid par les Anglais, Soult abandonna le siège de Cadix, évacua l'Andalousie, et vint rejoindre le roi Joseph qui s'était réfugié à Valence. Il marcha ensuite sur Madrid d'où sortirent les Anglais.

Le 21 juillet au soir, après une série de manœuvres savantes, Marmont réussit à s'emparer du pont d'Alba-de-Tormès. Il franchit la rivière en aval d'Alba et vint camper à Calvariza-de-Ariba sur la lisière de la forêt qui s'étend de ce village vers la Tormès. Il était sur le flanc droit des Anglais, dont la gauche s'appuyait à la Tormès, près de Santa-Maria, et la droite aux Arapiles. Ses propres communications avec Madrid étaient assurées par Busaco, tandis qu'il menaçait celles de Wellington par Ciudad-Rodrigo. Le général anglais essaya vainement le 22 au matin de modifier son front pour nous faire face; nos troupes le gagnèrent de vitesse au mamelon des Arapiles, d'où notre artillerie balayait le terrain.

La bataille s'engageait donc dans de bonnes conditions pour nous. A droite, la division Foy occupait Calvariza, protégée par un ravin; au centre, nous tenions le mamelon des Arapiles; notre gauche profitant du rideau de la forêt, s'allongeait vers Miranda, menaçant de couper la retraite à l'ennemi. L'extension démesurée de nos lignes, la blessure de Marmont, de Bonnet qui lui succéda, puis de Clausel, transformèrent en insuccès, une affaire si bien préparée. Wellington, prenant vigoureusement l'offensive contre notre gauche, la mit en déroute.

La division Foy forma l'arrière-garde et se maintint inébranlable à la lisière de la forêt, tandis que l'armée s'écoulait au travers, pour reprendre le chemin d'Alba. Clausel, malgré sa blessure, conserva le commandement des troupes.

Le 23 juillet 1812, l'armée repassant la Tormès au pont d'Alba, battit en retraite sur Penaranda. Presque en y arrivant, l'arrière-garde fut chargée par dix-huit escadrons anglais qui pénétrèrent dans deux masses formées du 6e léger et du 76e de ligne. Le 2e bataillon du 69e formé en carré par le commandant Giraud les arrêta par un feu nourri et bien dirigé, causant de grandes pertes à l'ennemi qui eut plus de deux cents chevaux tués à la baïonnette.

D'Alba, l'armée française se porta par Arevalo sur Valadolid, puis sur Burgos, où Clausel profita d'un repos de quelques jours pour réorganiser ses troupes, et d'où partit le 10 août, la division Foy détachée sur Astorga, pour dégager la garnison investie par une armée galicienne.

Dès la fin d'août, Clausel reprenait l'offensive sur Valladolid et contraignait Wellington à quitter Madrid avec la majeure partie de ses troupes pour s'opposer à sa marche. Il se replia de nouveau sur Burgos, puis sur Briviesca où, souffrant toujours de sa blessure, il remit le 12 septembre 1812, à Sonham, le commandement de l'armée de Portugal.

Les lettres du commandant Giraud se ressentent de ces marches et contre-marches qui devaient certainement avoir pour nos troupes une issue désastreuse.

San Cabo, le 10 septembre 1812.

Notre armée est toujours malheureuse; de plus, elle est oubliée de tout le monde. J'envie le sort de ceux qui font partie de la grande armée; sans doute, ils éprouvent les mêmes fatigues et les mêmes privations que nous. Mais l'empereur est là. Il saura les récompenser de leurs maux. Il n'y a pas de jour que je ne maudisse l'instant où j'ai mis le pied en Espagne. Mais qu'y faire? Le vase est rempli, il faut bien en boire le contenu jusqu'à la lie [1].

Il n'est pas probable que nous cessions de longtemps encore, d'user de la poudre en Espagne, bien que nous ayons des avantages partout. Ici, nos ennemis sont comme l'hydre de la fable; plus on leur coupe de têtes, plus il en repousse.

Depuis plus d'un an, on travaille à me faire sortir d'Espagne; personne n'y peut réussir. Soit; remettons cela à l'année prochaine, ou jusqu'à une époque indéterminée. Puisse l'année prochaine se présenter alors sous de meilleurs auspices.

Tordesillas, le 21 septembre 1812.

Voici notre troisième jour de repos depuis cinq mois. Ces deux journées m'ont fait un bien infini, et me remettent de mes fatigues passées. Arrivés au point où nous en sommes, la guerre d'Espagne est devenue atroce par les crimes qui s'y commet-

---

[1]. Le commandant Parquin tout dévoué à Napoléon Ier avoue aussi dans ses mémoires qu'on obtenait peu d'avancement et de décorations en Espagne, parce que l'empereur se tenait en Allemagne avec sa Grande Armée et que là, des faveurs de toutes sortes y abondaient. Ce motif ajouté au caractère de cette guerre, faisait que les officiers aspiraient au moment où ils pourraient sortir de la péninsule, pour aller servir sous les yeux de l'empereur. (*Note de l'auteur.*)

tent. Nos soldats rendent coup sur coup. On les assassine au coin d'un bois, voire même dans leurs cantonnements; ils rendent la pareille; on leur refuse des vivres; aucune réquisition ne peut avoir lieu; ils prennent ce qui est à leur convenance partout où ils passent. L'indiscipline est à son comble dans l'armée; le pillage, l'incendie et l'assassinat y sont à l'ordre du jour. C'est un grand malheur et c'est certainement la cause des pertes en hommes que nous faisons chaque jour. Depuis cinq mois, le soldat ne touche que la demi-ration de pain et il ne la reçoit pas toujours. Au repos, nous n'avons pas même la satisfaction de pouvoir nous promener hors des cantonnements ou des bivouacs, les Espagnols nous guettent, et bien heureux sont ceux qui ne tombent pas sous le poignard d'un guérillero embusqué. Et dire que quand nous sortirons de cet affreux pays, nous n'aurons que la honte et le déshonneur en partage!

Priviesca (route de Burgos), le 23 septembre 1812.

Le général Fririon, secrétaire du Ministre de la guerre, vient d'écrire à mon colonel une lettre que celui-ci m'a communiquée. Cette lettre répond à la demande que j'ai faite d'un emploi de major ou de commandant de place à l'intérieur, sur les conseils de mon beau-frère, le colonel Marion [1]. La signature du colonel manque, ainsi que le certificat d'un officier de santé; ces formalités doivent être remplies, pour qu'on puisse donner suite à ma demande. J'avais pourtant envoyé le certificat du médecin à mon beau-frère qui a trouvé que c'était bien. Aujourd'hui on s'aperçoit que tout est mal. Oh! les paperasses [2]!...

Dorénavant, tout ira comme cela pourra. Je ne veux plus qu'on importune personne. Qu'on ne fasse plus de demandes pour moi; je ne veux pas de démarches, ne voulant rien devoir à l'intrigue ou aux protections, et ne désirant mon avancement qu'à mes services rendus.

En attendant, les affaires d'Espagne vont de mal en pire. Nous étions il y a un an sur les frontières du Portugal et de la Galice ; au train dont vont les choses, nous serons bientôt sur les frontières de France.

On nous promet de gros renforts. Qu'ils arrivent

---

1. A cette date le colonel Marion était sous-chef d'état-major de la grande armée, en Russie. Devenu maréchal de camp, sous Louis XVIII, le 22 mai 1825, il est mort à Paris, le 11 décembre 1847.

2. Sous le premier empire, comme on le voit, les paperasses étaient déjà comme aujourd'hui, une des plaies de l'armée. (Note de l'auteur.)

vite si l'on veut que nous rabattions l'orgueil des Anglais.

Notre nouveau chef, le colonel Guinaud, est marié; sa femme est avec lui, portant sur ses bras une petite fille de quatre mois née dans le plus mauvais endroit de l'Estramadure. Combien de fois ai-je plaint cette vaillante femme qui suit notre convoi, tantôt en charrette, tantôt à dos de mule. Mais notre colonel est un gaillard, un ancien blessé de Wagram ; il aura bientôt trente ans de service et vingt années de mariage. Sa femme l'a suivi dans toutes ses campagnes ; n'aurait-elle pas mieux fait de rester tranquille et de ne pas s'exposer à tant de périls ?

*
* *

Pendant que l'armée de Portugal marchait de Briviesca sur Burgos, Wellington avisé de l'arrivée de Soult sur le Tage, se déroba brusquement dans la direction de Valladolid, après avoir fait mine de livrer bataille à Burgos (21 octobre). Une reconnaissance poussée la veille par le 69e sur Villahos, amena la prise de cent prisonniers, de deux pièces de canon, et de vingt-cinq voitures d'artillerie.

Sonham serra de près l'armée anglaise battant en retraite sur le Carrion et la Pisnerga.

Le 22 octobre au matin, le général Foy se porta sur le Carrion, vers Palencia, qu'occupaient des troupes anglaises (gauche de Wellington) et quelques corps espagnols de l'armée de Galice. Sommée de se rendre la garnison répondit qu'elle n'ouvrirait ses portes qu'au général Foy, s'il se présentait lui-même. Celui-ci envoya un de ses aides de camp précédé d'un trompette. Les soldats galiciens laissèrent approcher le parlementaire qui fut reçu par une décharge de mousqueterie tirée à bout portant. Heureusement, le cheval du trompette fut seul blessé. Irrité de cet acte de déloyauté, le général Foy fit enfoncer à coups de hache, les portes barricadées et lança à l'assaut les 2º bataillons des 69º et 76º guidés par le général baron Chemineau [1].

Nos vaillants soldats brisèrent tous les obstacles, chassèrent les Anglo-Espagnols d'un seul élan et la baïonnette dans les reins jusqu'au pont du Carrion qui avait été miné, mais que les fuyards de l'ennemi n'eurent pas le temps de faire sauter.

Nous occupions le défilé de Palencia. Ce brillant fait d'armes décida Wellington à chercher une ligne de défense plus facile à garder. Il recula jusqu'à

---

[1]. Jean baron Chemineau, né à Angoulême le 26 avril 1771, colonel du 76º de ligne le 28 juin 1801, général de brigade le 22 juin 1811.

Cabezon, sur la Pisnerga, en faisant filer ses bagages jusqu'à Valladolid.

Le 27, l'armée française bordait la rive droite de la Pisnerga, en face de Cabezon où se trouvait le gros de l'armée anglaise. Le pont étant miné et situé d'ailleurs dans une position inexpugnable, on dut renoncer à aborder l'ennemi de front; on manœuvra sur la droite, de façon à le tourner.

C'est en opérant ce mouvement que la division Foy s'empara le 28 octobre de Simancas, d'où elle chassa le régiment de Brunswik-Oelo et deux bataillons de la légion allemande qui, en battant en retraite, firent sauter les arches du pont de cette ville, sur la Pisnerga.

Le 29, l'armée anglaise repliée derrière le Douero, se signalait par diverses explosions, notamment celles des ponts de Valladolid, de Toro et de Tordesillas.

Ce fut dans cette dernière ville que s'arrêta Sonham, pour y attendre la jonction avec les armées de Soult et du roi Joseph qui s'avançaient en hâte de Madrid, par Arevalo et Medina del Campo.

Pendant ce temps-là, Wellington continua à battre en retraite jusqu'à Salamanque où il rallia le général Hill, pressé par l'armée de Joseph.

Le 7 novembre 1812, la réunion des trois armées françaises, du centre, du midi et du Portugal, s'opérait sur la rive droite du Tormès, en face de toutes les forces anglaises concentrées sur l'autre rive. Du 7 au 14 on manœuvra, on s'observa de part et d'autre.

Les habiles dispositions du maréchal Jourdan, qui avait réussi à tourner l'ennemi, à le couper de Ciudad-Rodrigo, et à l'acculer, à la Tormès; notre situation, notre supériorité numérique : tout annonçait une grande bataille et un grand succès pour le 15 novembre.

Wellington s'échappa encore une fois, grâce à la lenteur de notre gauche et à un violent orage. Dans la nuit du 15 au 16 novembre, il reprit sa marche en retraite dans la direction de Ciudad-Rodrigo.

Après quelques jours de poursuite, les armées françaises prirent leurs cantonnements d'hiver entre le Douero et le Tage; les Anglais derrière l'Agueda. Le général Reille prit le commandement en chef de l'armée de Portugal qui resta dans les environs de Salamanque jusqu'en mars 1813.

Il faut lire les lettres du commandant Giraud à sa famille pour se faire une idée des souffrances endurées par nos officiers et nos soldats, pendant cette période de repos.

Bemalbo (province de Zamora) le 30 novembre 1812.

On ne peut se figurer les difficultés que nous éprouvons, pour correspondre avec nos familles. On peut citer les personnes de notre armée qui écrivent à leurs parents ; certes, il y en a. Mais ces personnes sont au quartier-général ou à proximité de lui ; elles peuvent conséquemment profiter de toutes les occasions, de tous les départs des courriers, tandis que moi, je suis souvent trois mois sans le rejoindre et sans pouvoir profiter de rien.

Tant que nous serons en Espagne, il ne faut pas compter sur une correspondance suivie, serions-nous même dans un cantonnement bien établi.

Depuis plus d'un mois et demi, nous opérons contre l'ennemi, tantôt d'un côté, tantôt d'un autre. Pendant ce temps, toute correspondance avec la France a été interceptée.

Aujourd'hui, je suis relégué dans un mauvais village éloigné de trois lieues du quartier général de ma division. Cet espace quoique court est bien difficile à franchir, en raison des bandes de guérillas qui infestent le pays. Peut-être cette lettre sera-t-elle plusieurs mois dans ma poche, avant de pouvoir être mise à la poste.

Pour le moment, nous n'avons plus d'Anglais

en Espagne. Après la bataille de Salamanque (15 novembre 1812), ils ont été tous relégués en Portugal, derrière l'Agueda ; je ne crois pas qu'il leur prenne envie d'en sortir avant le printemps prochain. Aussi, espérons-nous un peu de repos pendant cet hiver, dans nos cantonnements entre le Douero et le Tage.

Toute démarche étant inutile pour obtenir un emploi de major de place à l'intérieur, je recommande à nouveau qu'on n'importune plus personne pour moi [1].

---

[1]. Ici, le commandant Giraud revient sur les démarches faites par le colonel Marion, pour lui faire donner un emploi en France. Mais à cette date, son beau-frère se faisait blesser le 25 décembre 1812, au combat de Krasnoï-Celo, et tombait entre les mains des Cosaques.

« Quel malheur ! écrit la jeune madame Marion à son beau-
» père, — mon mari est blessé. Dans quelle saison !... Et sur-
» tout, dans quel pays !... Je n'ose m'arrêter aux idées affli-
» geantes que font naître ces réflexions. C'est affreux !... »

Et le 21 janvier 1813, le colonel Marion écrivait à son père, d'Orell sur l'Ocka, où il était détenu :

« L'état-major n'a pas été heureux à Smolensk. Le colonel
» du génie, le chef de bataillon d'artillerie qui commandait
» l'artillerie en second, et M. de Villebranche, auditeur au
» conseil d'état faisant fonctions d'intendant, ont été tués. Des
» deux commissaires des guerres, l'un est mort, l'autre est pri-

1813 ! L'année la plus tragique du siècle !... La fortune de la France venait de succomber dans les plaines glacées de la Russie. Les peuples d'Europe écrasés, foulés par l'abus de la force, se levaient contre nous.

Pour continuer la lutte en Allemagne, l'empereur emprunta ses meilleurs éléments à l'armée d'Espagne. Il rappela en France 12,000 officiers, sous-officiers et soldats.

» sonnier. Le colonel de Bossuet est mort, et l'on dit que le
» général Charpentier a été tué. Je ne suis donc pas le plus à
» plaindre, même si je restais boiteux toute ma vie. »

Dans la lettre suivante écrite par le colonel Marion, le 23 avril 1813, pour rassurer sa femme :

« Je ne me suis pas encore levé ; mais voici quelle est ma
» manière de vivre ici : Je m'éveille entre six et sept heures du
» matin ; je fais des châteaux en Espagne jusqu'à dix.
» Je prends alors un copieux potage au gras ; je jette du
» noir sur du blanc, pour me rappeler ce que j'ai fait et vu de-
» puis que je suis au service ; je brouille ainsi du papier jusqu'à
» deux heures et demie. Je dîne constamment avec une bonne
» soupe grasse, un morceau de bœuf ou de veau rôti que mon
» cuisinier me prépare assez bien. Je lis ensuite jusqu'à la nuit,
» et quand il faut allumer la chandelle, je joue aux cartes sur
» mon lit avec les prisonniers qui viennent me voir assez ré-
» gulièrement. On me quitte à dix heures du soir, et je m'en-
» dors jusqu'au lendemain.
» Les généraux viennent me voir souvent. Les Russes eux-
» mêmes me portent de l'intérêt ; je ne suis donc pas sans
» amis. Cela prouve que je mérite encore l'estime et l'attache-
» ment de quelques personnes, quand je rentrerai en France. »

Par décision impériale du 7 janvier 1813 qui ne reçut son exécution que le 26 février suivant, l'armée de Portugal fut réorganisée à six divisions au lieu de huit. En même temps, l'empereur ordonna que tous les régiments employés en Espagne renverraient en France un bataillon complet avec cadre.

Au 5 janvier 1813, le 69ᵉ bivouaque à Villa-el-Pando ; le 6, il cantonne à Tordessilas ; le 8 à Fontenoro ; le 10, il est à Rio-Cabado, où il attend qu'Avila soit évacué par l'armée du centre pour y entrer. Cette évacuation se faisant très lentement, ce n'est que le 15 janvier que le 69ᵉ cantonne à Avila.

Ici s'ouvre une période lugubre où les documents font défaut, les rapports manquent et n'enregistrent plus les actes de dévouement qui se sont multipliés pendant cette période. On a même de la peine à se reconnaître parmi les nouvelles formations, et les historiques des corps se bornent à mentionner que tel élément de régiment a pris part à tel ou tel engagement ; que tel autre est ailleurs. Cela suffit pour établir qu'il a payé sa dette à la patrie.

Les lettres du commandant Giraud sont à ce sujet d'une tristesse navrante. C'est le cri du soldat qui sent arriver sa dernière heure et rassemble toutes ses forces pour lutter jusqu'à la fin.

Villa-el-Panlo, le 9 janvier 1813.

Les gazettes nous ont appris que notre armée a remporté quelques succès sur les Anglais en Castille et dans l'Espagne du midi. C'est à quoi ils ne s'attendaient pas. Les voilà relégués dans le Portugal pour tout l'hiver au moins. Les malheureux soldats espagnols n'en veulent plus; ils rentrent chez eux.

Nous avons toujours contre nous ces maudites bandes de guérillas. Elles ne sont qu'une agglomération de canailles; elles ne nous font pas moins un mal considérable. Elles n'attaquent jamais que les petits détachements, s'arrangent de façon à être toujours quatre contre un. La Navarre et toutes les routes en sont infestées.

La guerre d'Espagne s'éternise. La paix avec le nord de l'Europe pourrait seule la terminer. Dieu veuille que ce soit bientôt.

Depuis quelques jours, le vent du nord est à la tempête. On dit que l'empereur est à Paris. Si cela est vrai, le vent est bon. Mais j'en doute. La conduite des Russes est contradictoire et ne concorde pas avec les bruits répandus ici.

Avila, le 30 janvier 1813.

Nous apprenons que l'empereur est arrivé à Paris le 18 décembre dernier. S'il pouvait y rester et jeter un coup d'œil sur ses armées d'Espagne, nous serions tous dans le ravissement, car il accorderait certainement à ces dernières les mêmes avantages qu'à celles du nord. Les officiers sont ici dans la plus grande misère. Il a fallu frapper à toutes les bourses pour réunir les fonds nécessaires à une avance. A cet effet, j'ai prêté 1,200 francs au conseil d'administration des bataillons de guerre que le conseil d'administration du dépôt paiera à ma femme contre reçu délivré au nom du capitaine Bertrand, notre quartier-maître.

Jusqu'au mois de mars 1813, les troupes en Espagne restent dans leurs cantonnements sans prendre part à aucune expédition ou action de guerre. Le principal souci est de trouver à vivre dans une région pauvre et cruellement ravagée.

Napoléon cependant importuné de la présence des guérillas dans le nord de l'Espagne, prescrit de rétablir à tout prix les communications : « Il » est scandaleux, déshonorant, écrit-il au maré-

» chal Soult, qu'aux portes de France, on soit plus
» en péril qu'au milieu de la Castille, et qu'on ne
» puisse aller de Bayonne à Burgos, sans s'exposer
» à être dévalisé ou égorgé! »

En conséquence, la division Foy fut relevée le 25 mars, des cantonnements qu'elle occupait aux environs d'Avila, entre Salamanque et Madrid. On l'envoya en Biscaye où la marine anglaise côtoyant sans cesse le rivage des Asturies, de Santander à Saint-Sébastien y versait des armes et apportait aux insurgés des secours qui doublaient leurs moyens d'action. Ces bandes de brigands, toujours bien informées, évitaient nos colonnes dès qu'elles étaient en nombre, et ne les attaquaient jamais que lorsqu'elles étaient divisées. Presque jamais on ne parvenait à les atteindre, ou même à s'en garantir.

Dans cette période mouvementée, le 69e change fréquemment de cantonnement, sans qu'on puisse en trouver trace dans les documents de l'époque. Tout ce que nous savons, c'est que la division Foy était à Bilbao, le 27 avril 1813.

Les lettres suivantes du commandant Giraud nous le montrent.

Avila, le 13 mars 1813.

Je suis dans cette ville depuis plus de deux mois. La solde n'est pas payée depuis le 12 septembre 1812; les cantonnements sont sans cesse inquiétés par les bandes de Marquinès, de Royo, de Julian et de Moralès. Trois capitaines, trois lieutenants du régiment nouvellement promus sont partis pour la grande armée, les trois premiers comme chefs de bataillon; les trois autres comme adjudants-majors. Dans un tel moment, je ne tiendrais pas à recevoir de l'avancement; en ma qualité de méridional, j'opine pour rester dans ce pays jusqu'à la conclusion de la paix avec la Russie.

Pour le moment, nous sommes parfaitement tranquilles ici.

Tout nous annonce cependant une campagne prochaine, et elle sera chaude.

Atiéga (Biscaye), le 18 avril 1813.

Un instant, j'ai cru que nous allions guerroyer en Navarre et je m'en réjouissais. J'espérais ainsi me rapprocher de la France; notre destination est changée. Nous avons quitté le 25 mars nos cantonnements d'Avila, entre Salamanque et Madrid, pour venir en Biscaye.

Nous allons donc faire une guerre de montagnes pénible et difficile. Sera-t-elle longue?... Qui le sait?... Il s'agit de détruire une fourmilière de partisans qui infestent la province et nous barrent la route de Bayonne à Vittoria. Ce serait bien à désirer pour l'arrivage de nos convois et de nos lettres qui ne nous arrivent guère qu'au bout de deux à trois mois.

Siège de Castro-Urdialès, le 10 mai 1813.

C'est pour nous reposer qu'on nous fait faire le siège de Castro. Heureusement qu'il ne sera pas long. La batterie de siège sera terminée demain, 11, à la pointe du jour. On commencera le feu immédiatement. La brèche pourra être praticable le même soir. Tout le monde croit que le 11 au soir, ou le 12 au matin, au plus tard, nous serons maîtres de la ville. On nous promet quelque repos, une fois la place enlevée. Je crains que ce repos ne soit pas long. Nous avons autour de nous de forts partis de guérillas qu'il nous faut détruire avant de pousser plus avant.

Ils ont leur grandeur et leur mélancolie à eux ces vieux remparts de Castro; ils s'effritent, pour ainsi dire, dans leur cirque poudreux de montagnes pelées dominant un paysage fauve et si brûlant qu'on le croirait tendu de peaux de lions.

Le soir, ces montagnes d'un gris vaporeux, miroitent dans l'air d'un crépuscule ressemblant à s'y méprendre à celui d'un paysage de la Palestine ; cette église d'un rose de terre cuite, a la couleur des mosquées de l'Islam ; ces maisons à façades lépreuses, sont comme rongées de maladies inconnues.

Inégales, étroites avec des balcons ruinés à tous les étages, les teigneuses et sordides maisons de Castro bordent le rempart. Pareil à de l'or bluté et brûlant, s'aperçoit un ciel de turquoise zébré de nacre rose et moiré de lueurs soyeuses où les êtres et les choses prennent à la fois la dureté du métal, et le luisant de l'étoffe.

J. B. Giraud.

V

UN HÉROS MORT AU CHAMP D'HONNEUR

Cette lettre a été la dernière du commandant Giraud. Le lendemain, comme il partait en reconnaissance avec son bataillon, du côté de la vallée de Galdamès un coup de feu parti d'un buisson voisin, l'atteignit derrière la nuque. Transporté presque mourant, mais respirant encore, chez la marquise d'Otanès, le vaillant commandant qui guerroyait presque sans interruption depuis 1792, mourait le 12 à dix heures du soir, laissant deux orphelines dont l'aînée avait à peine dix ans, et la plus jeune six [1].

La lettre ci-jointe en fait foi :

---

[1]. L'historique du 69° ne parle pas de la mort du commandant Giraud.

Le colonel Guinaud, à M. Marion, directeur du service des lits de la 6ᵉ division militaire, à Besançon (Doubs).

Bilbao, le 15 mai 1813.

« Monsieur,

» Il m'est pénible de mettre la main à la plume pour la première fois que j'ai l'honneur de vous écrire, ayant la plus mauvaise nouvelle à vous annoncer. Vous avez perdu votre digne gendre, le commandant Giraud de mon régiment. Blessé le 11 mai, pendant que l'on prenait d'assaut la ville de Castro, il est mort le lendemain des suites de sa blessure.

» Vous faites certainement une perte cruelle qui sera particulièrement sensible au régiment et surtout pour moi qui m'attendais à l'avoir pour major à la première occasion. La demande en avait été faite trois fois, et approuvée trois fois par le général de division Foy.

» *Le Colonel du 69ᵉ*,
» Signé : Guinaud. »

La pièce suivante a son intérêt, au point de vue historique. Elle prouve combien nos officiers à cette époque avaient à cœur une tenue irréprochable, même au milieu des travaux les plus pénibles de la guerre.

Aujourd'hui, treize du mois de may, mil-huit-cent-treize, à dix heures du matin, le conseil d'administration du 69° d'infanterie de ligne, s'est transporté à la maison de la marquise d'Otanès, à l'effet d'inventorier les effets, mules et chevaux.. etc. appartenant au commandant Giraud, Jean-Baptiste né à Château Neuf, département du Var, le 15 janvier 1772, décédé dans la dite maison, hier soir à dix heures, douze du courant, par suite d'une blessure reçue le 11 du même mois, dans une affaire que le détachement qu'il commandait a eue dans la vallée de Galdamès, avec les troupes espagnoles.

Nous avons commencé par reconnaître deux cantines fermées à clef, appartenant au décédé et dans lesquelles se trouvaient renfermés tous ses effets; après les avoir fait ouvrir en notre présence, nous y avons trouvé savoir :

Un habit neuf, à revers blanc;
Un frac neuf;
Un pantalon de drap bleu neuf;
Un pantalon de drap *presque usé*;

Six chemises neuves ;
Dix-sept mouchoirs blancs ;
Un pantalon de drap blanc, neuf ;
Une culotte de casimir blanc, neuve ;
Huit gilets blancs ;
Une petite veste de drap bleu, galonné ;
Six serviettes ;
Deux pièces de *perkailles* ; [1] (sic)
Deux morceaux de toile ;
Un frac *presque usé* ;
Une vieille capote ;
Une paire de bas de soie ;
Une paire de bas de coton ;
Quatre paires de chaussettes ;
Une paire de bretelles ;
Une paire de souliers, avec boucles plaquées en argent [2].
Un morceau de galon ;
Une épée avec son ceinturon ; [3]
Quatre rasoirs et une boîte à savonnette.
Trois paires de bottes ;
Deux *barres* de drap ;
Un mouchoir de soie noire ;
Une paire d'épaulettes neuves ;

---

1. Probablement, percale.
2. Probablement, un souvenir de la tenue des officiers, en 1792.
3. Cette épée a été donnée par la famille au colonel Guinaud.

Une paire de vieilles épaulettes;
Deux douzaines de petits boutons d'ordonnance;
Deux crochets de bottes;
Une dragonne en or;
Une petite dragonne, sans cordon;
Un cachet en or;
Un petit porte manteau;
Des ciseaux;
Un portefeuille contenant des papiers de correspondance et quatre mille francs, en traites;
Une bourse contenant cinq cent quatre-vingt-seize francs, cinquante centimes;
Un petit sac contenant cinquante-deux francs, cinquante centimes;
Deux cantines;
Un bât de mulet;
Un vieux chapeau;
Un règlement de campagne.

Nous sommes ensuite transportés aux écuries de la dite maison et nous y avons trouvé, savoir :

Un cheval noir entier;
Une mule noire;
Un mulet rouge.

Tous les effets désignés ci-dessus ont été remis dans les deux cantines que nous avons fermées à clef et fait transporter à Bilbao, pour y être vendus avec le cheval, la mule et le mulet que nous y ferons également conduire. Après nous être assurés que tous les objets appartenant au sieur Jean-Baptiste Giraud nous ont été présentés, nous avons clos le présent procès-verbal.

Fait à Otanès en Biscaye, les jours, mois et an que dessus.

Signés : Michelin [1].   *Le Chef de bataillon,*
                              Vincent.

Fourain,   Chastaignan,
capitaine.   *capitaine.*

Le Colonel,
Guinaud.

* * *

Aujourd'hui le commandant Giraud repose dans le petit cimetière de l'antique forteresse de Castro dont nos soldats s'étaient emparés dans la matinée du jour où la mort de ce vaillant venait d'être officiellement annoncée, au 69° de ligne par la voie de l'ordre. Il y a quelques années encore, une pierre tombale noircie par le temps, indiquait

---

[1]. Devenu major au 66° de ligne, le 26 juillet 1827.

seule au passant la place où était tombée cette victime du devoir et de l'honneur. Il dort là, dans la chaleur, au milieu d'un cirque de roches ensoleillées et d'épiques montagnes de couleur mauve ou bleu. Mais quelle riche nature, vivace, verdoyante, toujours jeune, que celle de la Biscaye... L'œil y est égayé et rafraîchi par une harmonieuse variété de verdures nuancées depuis le vert phosphorescent des vignes, et le velours tendre des mousses jusqu'au vert argenté de saulaies enguirlandés de clématites. Partout, l'odorat est réjoui par des senteurs de regain. Qu'il est triste, cependant de mourir ainsi, loin des siens, loin de sa patrie, isolé pour ainsi dire, au milieu des fracas d'une bataille! Depuis quatre-vingt-cinq ans, la mort a étendu sur ce héros, son voile sombre, épaissi, hélas! par celui de l'oubli!... Nos lecteurs nous sauront gré d'avoir évoqué ce sanglant souvenir du passé... car comme le dit Victor Hugo :

Ceux qui, pieusement, sont morts pour la patrie,
Ont droit, qu'à leur cercueil, la foule vienne et prie.

FIN

ON TROUVE A LA MÊME LIBRAIRIE

Souvenirs d'un Vieux Zouave, par le capitaine Blanc. 2 vol. in-12 . . . . 4 »
La Légion étrangère, par le même, 1 vol. in-12 2 »
L'Abbé Corentin, par le commandant Stany, 1 vol. in-12 . . . . 2 »
Jeanne de Dampierre, par le marquis de Cugnac, 1 vol. in-12 . . . . 2 »
Deci Delà, par le Général Cosseron de Villenoisy, 2 vol. in-12 . . . . 6 »
Le général Dommartin, par A. de Besancenet, 1 vol. in-12 . . . . 2 »
Les Français au Cœur de l'Afrique, par le même, 1 v. in-12 . . . . 1 50
Histoire de la Conquête du Mexique, par A. de Solis, 3 vol. in-12 . . . . 3 50
Madeleine Müller, par R. de Navery, 1 vol. in-12 2 »
Le Sergent Maxime, par C. de Beaulieu, 1 v. in-12 2 »
Souvenirs de Guerre et Captivité, par le R. P. de Damas, 1 vol. in-12 . . . . 2 »
Souvenirs Religieux et Militaires de la Crimée, par le même . . . . 2 »
Une Fille d'Henri IV, par P. Delattre, 1 vol. in-12 3 »
L'Escalade de Genève, par Ch. Buet, 1 v. in-12 3 »
Aventures d'un Coureur de Bois, Bou-Naza, par H. de Laval, officier de cavalerie, 1 vol. in-12 3 »
Rolland, ou aventures d'un Brave, par le même, 1 vol. in-12 . . . . 1 »
Histoire populaire et anecdotique de Napoléon et de la Grande Armée, par E. Marco Saint-Hilaire, 1 vol. in-8° . . . . 5 »
Jérôme le Trompette, par le colonel de Beaurepaire, 1 vol. in-12 . . . . 3 »
Manjo le Guerillero, par le même, 1 vol. in-12 3 »
Six mois à Madagascar, par Ch. Buet, 1 v. in-12 3 »
La Trombe de Fer, par P. Féval, 1 vol. in-12 3 50

Imprimerie Générale de Châtillon-sur-Seine. — Pichat.

www.ingramcontent.com/pod-product-compliance
Lightning Source LLC
Chambersburg PA
CBHW071526160426
43196CB00010B/1674